골프를 사랑하는 사람들에게

볼수록 만만한 골프

볼수록 만만한 골프

2011년 4월 22일 초판 1쇄 인쇄
2011년 4월 29일 초판 1쇄 발행

지은이 | 이우담
그린이 | 형설EMJ 디자인
펴낸이 | 장진혁
편집주간 | 이경자
편집진행 | 박보람, 윤대호, 박선희
디자인 | 공희
영업 | 황승주, 노윤규, 최재웅, 박병오, 이준희
제작 | 류완규, 윤영수
마케팅 | 정종민, 백승남, 김예진, 곽근애

펴낸곳 | 형설라이프
주소 | 경기도 파주시 교하읍 문발리 526-4
전화 | (031) 955-2336~9, (031) 955-2361
팩스 | (031) 955-2341
등록 | 제300-2007, 98호, 2007.6.4
홈페이지 | www.hslife.co.kr

ISBN 978-89-6621-004-6(03690)

값 10,000원

볼수록 만만한 골프

지은이 **이우담** | 그린이 **형설EMJ 디자인**

형설Life

preface

우리나라 골프 인구가 800만 명이라느니, 1,000만 명이라느니 하는 것을 보면 날이 갈수록 골프를 즐기는 사람들이 크게 늘어나고 있다는 것을 알 수 있다. 오래도록 골프는 돈 있는 사람들이나 즐기는 귀족 스포츠라는 부정적인 인식이 있었지만 이제 골프는 대중적인 스츠가 되어가고 있다.

특히 골프를 즐기는 어린이나 여성들이 빠르게 증가하고 있는 것은 무척 바람직한 일이다. 일찍이 박세리 선수의 눈부신 활약에 감동을 받아, 불과 열 살 남짓한 나이에 골프를 시작한 어린이들이 '박세리 키즈'라는 이름으로 미국 여자 프로 골프 LPGA를 정복하고 있는 것도 어린 나이에 골프를 시작했기 때문이다.

어린이는 몸이 유연하고 특별한 타성이 없어서, 골프를 시작하면 스윙 폼이 쉽게 안정되고 무척 부드럽다. 또한 비만이나 건강을 걱정하는 중년 여성들에게는 골프만큼 좋은 운동이없다. 빼어난 자연환경과 더불어 맑은 공기를 마시며 힘찬 스윙을 하고 한 번에 5킬로미터 이상 걷는 골프는, 건강과 다이어트에 더 바랄 것이 없는 운동이다.

뿐만 아니라 골프는 꼭 실력이 뛰어나지 않아도 얼마든지 즐길 수 있으며, 남녀노소 누구나 즐길 수 있는 운동이기도 하다. 또한 골프를 갓 시작한 초보자일수록 실력이 늘어나는 재미가 여간 아니다.

물론 우리나라는 아직 정규 코스는 말할 것도 없고, 누구나 부담 없이 골프를 즐길 수 있는 퍼블릭 코스가 크게 부족하다. 따라서 필드에 나가고 싶어도 예약이 어려워서, 여가 활동으로서의 골프를 단념하는 사람들이 적지 않다.

하지만 골프는 연습이 거의 전부라고 해도 과언이 아니며, 연습이 곧 골프라고 할 수 있는 스포츠이다. 하루도 빠짐없이 연습장에 나가 골프를 해야 하는 것이 곧 골프라고도 할 수 있다.

더욱이 최근에는 '스크린 골프'가 크게 늘어나 실내에서도 필드에 나간 느낌을 가질 수 있으며, 필드에서 샷을 하는 것과 거의 똑같은 거리감과 방향성까지 체험할 수 있다.

시중에는 골프 교본이나 입문서, 또 유명한 프로 골프 선수들의 스윙 영상 교본 등이 적지 않게 나와 있다. 그러나 한결같이 지나치게 기술 위주로 꾸며져 있어서 흥미가 떨어질 뿐 아니라, 골프를 처음 배우는 어린이나 여성들에게는 너무 어렵고 부담스럽다.

'볼수록 만만한 골프'는 그런 단점들을 보완한 골프 입문서라고 할 수 있다. 될 수 있는 대로 골프를 쉽게 설명하고 있으며 많은 삽화, 만화와 함께 스토리 위주로 짜여 있어서, 골프에 관심 있는 어린이나 여성, 처음으로 골프를 시작하는 초보자에게 가장 친근한 길잡이가 될 것이다.

전체적으로 골프 초보자들이 꼭 알아야 할 요점들만 이해하기 쉽도록 설명했다. 하지만 '스윙' 부분에 지면을 많이 할애한 것은 골프에 스윙이 매우 중요하기 때문이다.

많은 어려움을 무릅쓰고 어린이들의 건강과 우리나라 스포츠 발전의 밑거름이 되고자 '볼수록 만만한' 시리즈를 기획 출판한 형설라이프에 깊이 감사드리며, 『볼수록 만만한 골프』가 골프를 배우려는 어린이와 여성들에게 큰 도움이 되기를 바란다.

이우담

Contents

골프 에티켓

골프는 모든 스포츠 종목들 가운데 유일하게 심판이 없는 스포츠이다. 또한 여럿이 함께 골프를 친다고 하더라도, 실제로는 혼자서 하는 스포츠이기도 하다. 따라서 다른 어떤 스포츠보다 에티켓, 즉 예의와 매너가 가장 필요하고 중요하다.

최근에는 골프가 널리 대중화 되고, 우리나라의 남녀 선수들이 해외에서 크게 활약함에 따라 골프를 배우는 청소년들이 부쩍 늘어났다. 중, 고등학생은 물론, 초등학생들도 무척 많아졌다. 그러나 가장 중요한 것은 골프의 기술을 배우는 것이 아니라 일찍이 에티켓을 몸에 익히는 것이다.

골프의 에티켓은 골프 연습장과 골프장코스으로 나눠 볼 수 있다. 먼저 골프 연습장에서의 에티켓부터 살펴보자.

골프 연습장은 실내 연습장, 야외 연습장, 스크린 골프 등이 있고, 교내에 연습장을 갖추고 있는 학교들도 적지 않다. 연습장에는 골프채를 휘두르고 공을 칠 수 있는 지정된 타석이 있다. 타석이 아닌 곳에서 골프채를 휘두르는 것은 대단히 위험하다.

그런데 골프를 배우는 어린이들은 대개 여러 명이 함께 연습을 하기 때문에 타석이 비어 자기 차례가 올 때까지 기다려야 할 때가 많다. 그동안 타석이 아닌 통로 등에서 골프채를 휘두르거나 서로 떠들고 장난을 치면 절대 안 된다. 또 다른 사람의 연습이 아직 안 끝났는데 잠시 타석을 비웠다고 해서 남의 타석에 들어가 공을 치면 안 된다.

타석에서 연습을 할 때도, 장난삼아 여러 개의 공을 한꺼번에 쳐본다거나, 골프공 이외의 다른 공을 놓고 쳐본다거나, 또 골프채 이외의 도구로 골프공을 치면 안 된다. 한 타석에서 두 사람이 함께 쳐도 안 된다. 명심할 것은 골프채나 골프공을 잘못 다루면 대단히 위험하다는 것이다.

다음은 필드, 즉 골프장에 나가 직접 골프 경기를 할 때의 에티켓이다. 골프 코스는 넓지만 나 혼자만 골프를 치는 것이 아니다. 우선 한 조대개 4명이 한 팀가 되어 함께 치는 사람들이 있고, 앞서가는 팀과 뒤따르는 팀이 있다.

자칫하면 다른 사람들에게 피해를 주거나, 앞 팀이 공을 맞는 등 위험할 수 있다. 물론 같은 팀이 다칠 수도 있다. 따라서 약속 시간을 철저히 지키고, 플레이를 지연시키는 행동은 절대로 하면 안 된다.

특히 어린이들은 잔디 위를 걸으면서 서로 골프채를 휘두르며 장난치거나 큰소리로 떠드는 경우가 많다. 이것은 모두 에티켓에서 크게 벗어난 행동이다.

그뿐 아니라 경기가 진행되는 과정에서는 더 많은 에티켓들이 있다. 그 가운데서도 가장 중요한 것은 신사적인 행동, 양심적인 행동이다.

앞에서도 얘기했지만, 골프는 혼자서 하는 경기이다. 승부를 결정짓는 스코어 카드, 즉 자기가 몇 번 홀에서 몇 타에 쳤는지 스스로 직접 기록한다. 스코어를 속이는 것은 가장 비양심적인 행위다.

또 골프채로 친 공이 엉뚱한 곳으로 날아가 수풀이나 나무 틈에 떨어질 때가 있다. 이것은 골프공을 친 사람이 직접 찾아야 한다. 공을 찾는 척 하다가 다른 공으로 바꿔놓는다거나, 떨어진 곳이 공을 치기 어려운 곳이라고 해서 슬쩍 다른 곳에 놓고 쳐서는 절대 안 된다. 정식 경기에서는 떨어진 공을 함부로 건드리기만 해도 벌점을 받는다.

일행이 칠 때는 조용히 해야 하고, 잘 쳤을 때는 '나이스 샷!' 또는 '굿 샷!' 이라고 말하며 칭찬해야 한다. 그러나 마구 함성을 지르거나 쉴 새 없이 박수를 치면 안 된다. 또 공을 치기 전에 몇 번 연습 스윙을 하게 되는데, 상대방을 향해 휘두르거나 다른 사람들이 위험을 느낄 수 있기 때문에 아무데서나 스윙을 하면 안 된다.

골프채로 잔디 위에 놓인 공을 치다보면 잔디가 파이거나 떨어져 나가는 경우가 있다. 이런 경우에는 이동하거나 다른 사람이 치기 전에 그 자리를 정리해야 한다. 또한 공이 여러 곳에 설치해 놓은 '벙커' 라는 모래 구덩이에 떨어지는 경우가 자주 있다. 벙커에 들어가 공을 친 뒤에는 흩어진 모래와 자신의 발자국 등을 없애 모래를 다시 고르게 해놓아야 한다.

홀이 있는 곳을 '그린' 이라고 하는데, 상대방이 홀을 향해 퍼팅할 곳은 밟지 말아야 한다.

아울러 경기를 마치고 나면 모자를 벗고 골프를 함께 친 일행에게 인사하는 것도 잊지 말아야 한다.

그밖에도 골프의 에티켓은 대단히 많다. 골프는 에티켓과 매너가 대단히 중요한 신사적이고 양심적인 스포츠이다.

갤러리들의 에티켓

1. 이동 중 로프 안으로 들어가면 안전사고의 위험이 있을 수 있다.

2. 잔디 보호를 위해 코스 내에서는 운동화를 착용해야 한다.

3. 선수가 어드레스 동작에 들어가면 모든 동작을 멈춰야 한다.

4. 경기 중에 있는 볼을 건드리면 선수 스코어에 영향을 줄 수 있으므로 강제 퇴장 조치될 수 있다.

5. 쓰레기는 지정된 곳에 버려야 한다.

6. 페어웨이를 건널 경우, 안내 요원의 안내에 따라야 안전하다.

7. 벙커나 그린에 들어가면 선수들의 경기 진행에 방해가 될 수 있다.

10. 선수가 플레이 하는 동안 사진 촬영은 금지된다.

11. 핸드폰은 진동모드로 하거나, 전원을 끈다.

12. 경기 중에는 소음을 최대한 줄인다.

13. 선수들을 따라 이동하며 관전한다.

14. 홀 아웃 전 서둘러 움직이면 선수에게 방해가 되므로 선수가 지나간 후 따라간다.

15. 선수들이 멋진 샷을 하였을 경우, 아낌없는 박수와 환호를 보내준다.

미국 캘리포니아 주 사이프러스는
백인들이 모여 사는 고장입니다.
사이프러스에는 누구나
골프를 즐길 수 있는
퍼블릭 코스가 여러 곳에
있었습니다.
이 고장으로 이사 온 월남전 참전용
사이자 퇴역군인인 얼은
골프의 재미에 푹 빠져 있었습니다.
타앗
그러나 유색인종인 얼은 백인들로부터
골프장 출입을 거부당했습니다.
No!
Why?
얼은 흑인이었고, 그의 아내 쿨리타는
태국 여자였습니다. 그들 사이에는
두 살 된 엘드릭이 있었죠.
굿샷!
타앗

그런데!
우리 엘드릭이 골프가 좋은가봐요. 당신이 골프치는 걸 꼼짝도 안하고 끝까지 지켜봐요.
허허, 겨우 두 살짜리가 뭘 안다고.
그러던 어느 날, 엘드릭은 마당에서 아빠를 흉내 내며 골프채를 가지고 장난하고 있었습니다.
타앗
우연히 그 모습을 본 아빠 얼은 깜짝 놀랐습니다.
오! 이럴 수가…….
두 살짜리 엘드릭이 치는 골프공은 매번 똑바로, 멀리 날아갔습니다.
타앗
아얏!
퍽

아빠 얼은 즉시 꼬마 엘드릭에게 맞는 작은 골프채를 구했습니다.
얘가 보통이 아니야. 골프 솜씨가 대단해요. 내가 골프 신동을 낳았나봐요.
아빠는 거의 매일 엘드릭을 골프장에 데리고 갔습니다.
네 살이 되자 엘드릭의 골프 실력은 어른들에게 뒤지지 않았습니다.
타앗
네 살 꼬마가 저렇게 잘 치다니.
어른 체면이 말이 아니군.
엘드릭을 주니어 골프 대회에 출전시켜야 겠어.
네 살 꼬마를 받아 주겠어요?
역시 주니어골프 대회마다 네 살 어린이를 받아주지 않았습니다. 모두 열 살 이상에게만 참가자격이 있었습니다.
네 살인데…….
네 살짜리가 골프를 해? No!
You! 매우 나쁜 아빠!
그러나 딱 한 곳에서 받아주었습니다.
두드려라. 그러면 열릴 것이다!

엘드릭은 자기보다 여섯 살 이상
나이가 많은 형들과 경쟁해야 했습니다.
저런 꼬마하고?
창피해, 정말!
엘드릭이 처음 참가한 주니어 대회는
공을 멀리 치는 드라이브,
타야
잔디에서 공을
짧게 쳐내는 피칭,
타앗
그린에서 공을
홀에 넣는 퍼팅까지,
세 종목으로
진행되었습니다.
종합 성적을
발표하겠습니다.
이 주니어대회에서 엘드릭은 당당히
2등을 차지하여 세상을
깜짝 놀라게 했습니다.
2등 엘드릭!
짝
와
짝
엘드릭과 얼의
실제 모습

엘드릭은 초등학교에 들어갔지만 백인 어린이들은 그를 흑인이라고 놀리며 따돌렸습니다.
엘드릭은 말 없이 골프에만 열중했습니다.
점수가 잘 나오면 기분이 좋아요!
등수에 집착하지 말고 항상 배우는 자세로 열심히 해야 한다.
옵티미스트 국제 주니어 골프 대회에 여덟 살의 엘드릭이 참가했습니다.
엘드릭은 당당히 우승을 차지하여 세계를 놀라게 했습니다.
와
13세에는 아마추어와 프로 선수가 함께 참가하는 인슈어런스 골프 대회에 참가, 첫 해는 2등을 했지만 다음 해에는 우승을 차지했습니다.
이제는 백인 어린이들도 흑인 엘드릭을 존경하게 되었으며, 학교의 자랑이 되었습니다.
짝
짝

엘드릭은 중 · 고등학교, 대학교 학생 골프 선수권을
거의 모두 차지 했으며
미국 아마추어 선수권
최연소 우승은 물론,
모든 대회의 우승을 휩쓸고
1996년, 22세에
프로 골프 선수가
되었습니다.
우리 아들
최고야!
프로 골프에서도
엘드릭을 당할 선수가
없었습니다.
여러분도
자신이 좋아하는 것을
열심히 하면
반드시 성공할 수
있습니다.
성공
엘드릭은 엄청난 돈을 벌었고,
최고의 명예를 얻었으며,
세계에서 가장 존경 받는
골프 선수가 되었습니다.
와
엘드릭은 바로 골프 황제로 불리는
타이거 우즈의 본명입니다.

하이마트

1
골프 알아보기

골프 신동으로 불리는 여자 어린이

"허허, 이럴 수가?"

일요일 아침, 거실에서 신문을 읽던 아빠가 몹시 놀란 표정을 지었다.

"왜 그러세요? 아빠."

마침 거실에 있던 바비가 아빠의 놀란 표정을 보고는 옆에 다가가 물었다.

"아홉 살 된 우리나라 여자 어린이가, 골프 신동으로 외국에서 크게 관심을 받고 있다는구나."

"골프 신동이 뭐예요?"

"신동이란 신의 아이라는 말이다. 어린아이가 타고난 천재처럼 무엇을 놀라울 정도로 잘할 때 신동이라고 부른다. 가령, 피

아노 신동, 바이올린 신동, 과학 신동, 외국어 신동……. 최근에는 여러 분야에서 뛰어나게 재능이 있는 아이들이 TV에 출연하기도 하잖니?"

"그러니까 골프를 타고난 천재처럼 잘하는 우리나라 여자 어린이가 나타났다는 말씀이군요?"

"그렇단다."

"아홉 살이라고 하셨어요? 어디 사는 누구예요?"

바비는 아빠의 이야기에 흥미가 생기는지 곁에 앉아 또 다시 질문했다.

"멀리 남아프리카공화국에 사는 손우주라는 교포 어린이라

는구나."

"남아프리카공화국이라면 지난번에 월드컵이 열렸던 나라잖아요?"

"맞아. 그곳에 살고 있는 손우주 양이 이글을 세 번을 계속 기록하면서 여자 주니어 대회에서 우승하고, 세계를 깜짝 놀라게 했다는구나. 그래서 그아이에게 모두들 골픈 신동이라고 부르는 모양이야."

"이글이 뭐죠?"

"아, 그건 골프 용어여서 골프를 모르면 설명해줘도 잘 모를 거야."

"그래도 궁금해요."

"골프가 어떤 스포츠인지는 알지?"

"그럼요. 잔디 위에서 골프채로 공을 쳐서 홀컵에 집어넣는 경기잖아요? 타이거 우즈, 박세리 선수, 신지애 선수도 아는 걸요."

아빠는 골프에 대해 제법 잘 알고 있는 바비가 기특한지 바비의 머리를 쓰다듬으며 말을 이어갔다.

"허허, 그래? 골프는 각 홀마다 '파Par' 라고 해서 거리에 따라 정해진 타수가 있다. 예를 들어 '파4' 라고 하면, 공을 네 번 쳐서 홀컵 안에 넣으면 골프를 아주 잘하는 사람이지."

"골프 선수들처럼요?"

"그렇지. 그런데 파4 홀을 세 번에 넣었다면 '버디'라고 하고, 두 번 만에 넣었다면 '이글'이라고 한다."

"어머, 네 번에 넣는 것도 아주 잘하는 건데, 어떻게 두 번 만에 넣어요?"

"그러니까 골프 신동이라 불리는 거야. 타이거 우즈 같은 세계 최고의 골프 선수들도 한 경기에서 한 번이나 두 번 기록하면 잘한 기록이거든."

"어머, 무척 어려운 기록이군요."

"그러니까 놀라운 기록이지. 물론 어른들의 골프 코스보다는 거리가 짧지만 여자 어린이가 3개 홀을 연달아 이글을 기록했다는 것은 정말 대단한 기록이야. 골프 신동이라고 부르기에 충분해."

"아빠도 가끔 친구들과 골프장에 가시잖아요? 이글 기록해 보셨어요?"

"허허, 아빠도 골프를 친 지 어느덧 7, 8년이 되지만 아직 한 번도 이글을 기록해 보지 못했단다."

아빠는 바비의 질문에 멋쩍은지 웃으며 대답했다.

"어머, 그런데 아홉 살 여자 어린이가 3번을 잇따라 이글을

기록했다니, 정말 대단한 기록이네요."

"손우주 양은 다섯 살 때부터 부모를 따라 골프장에 다녔다고 하는구나. 골프장에서 골프채로 장난을 하는데, 어른이 보기에도 솜씨가 뛰어나 본격적으로 골프를 배우기 시작했대. 이번뿐이 아니라, 이미 스코틀랜드에서 열린 유러피언 세계 챔피언십 대회에서도 우승했고, 미국에서 열린 세계 주니어 선수권 대회에서도 4위를 차지해서 세계를 놀라게 했다는 걸 보니 큰 선수가 될 모양이야."

"아빠."

바비가 갑자기 진지한 표정으로 아빠를 쳐다봤다.

"저도 골프를 배우면 안 될까요?"

"네가 골프를 배우고 싶다고?"

"네."

그때 언제 다가왔는지 브라보가 끼어들었다.

"안 돼."

"왜 안 돼?"

바비가 브라보의 말에 입을 삐죽 내밀며 물었다.

"골프는 무척 돈이 많이 들어간대."

"정말?"

"브라보의 말도 맞다. 골프가 많이 대중화 됐다고 하지만, 아직 골프를 하려면 다른 스포츠와 비교해서 돈이 많이 들어가지."

"안 되겠구나."

"바비야, 다시 한 번 진지하게 생각해 보렴. 그래도 꼭 골프를 배우고 싶다면 얘기해라. 기본적인 것은 아빠가 가르쳐 줄게."

"정말이에요? 아빠."

바비가 반짝거리는 눈으로 아빠를 보며 웃었다.

알아두면 재미있는 골프 백과

골프의 역사

골프의 기원에 대해서는 여러 가지 주장이 있어서 어느 것이 맞다, 틀리다 단정하기 어렵다. 일찍이 로마 시대에 깃털을 넣은 가죽 볼을 끝이 뭉뚝한 나뭇가지로 쳐서 멀리 보내는 '파가니카' 라는 놀이가 있었다고 한다. 로마의 군대가 유럽의 여러 지역을 정복하면서 가는 곳마다 이 놀이를 즐긴 것이 골프의 기원이라는 주장이 있다.

그런가 하면, 기원전 네덜란드에서는 어린이들이 실내 빙판 위에서 끝이 둥근 나무로 공을 치는 '코르프Kolf' 라는 놀이가 있었는데 이것이 오늘날 '골프Golf' 의 기원이라는 주장도 있다. 그러나 이 놀이는 골프보다 오늘날의 크리켓이나 아이스하키의 기원이라고 주장하는 사람들이 많다.

또 다른 주장은 영국 북부 스코틀랜드 지방의 양치기 목동들의 민속놀이에서 골프가 시작됐다는 것이다. 어느 날 넓은 초원에서 양떼를 지키던 어느 목동이 무심코 발아래 놓여있는 작은 돌멩이를 손에 들고 있던 지팡이로 힘껏 쳤다. 그런데 돌멩이가 멋지게 날아가 멀리 떨어져 있는 토끼 굴로 정확하게 들어갔다. 물론 우연히 들어간 것이었다.

그리고 이에 재미를 느낀 목동은 돌멩이들을 모아 놓고, 계속해서 토끼 굴을 향해 지팡이를 휘둘렀다. 당연히 쉽게 들어갈 리가 없었다. 하지만 지루한 시간을 보내기에는 더없이 재미있는 놀이였고, 목동은 매일 같이 이 놀이를 즐겼다. 그러자 다른 목동들도 이 놀이를 보고 즐기기 시작해서 목동들 사이에 널리 퍼져 나간 것이 골프의 기원이라는 얘기다.

오늘날 많은 사람들이 이 양치기 목동들에게서 비롯된 놀이를 골프의 기원으로 생각하고, 스코틀랜드를 골프의 발상지로 인정하고 있다. 왜냐하면 중세 시대에 들어와 스코틀랜드에서 골프가 크게 번성했기 때문이다.

15세기 스코틀랜드에서는 골프가 크게 성행해서 군대의 병사들까지 활쏘기 훈련을 게을리 하고 골프에만 열중하자, 국가에서 골프를 금지하는 법령을 만들어 공포할 정도였다. 하지만 화약이 발명되고 궁술의 필요성이 줄어들자 골프 금지령도 폐지되고 왕족들까지 골프를 즐겼다.

왕족과 귀족들이 정식으로 골프를 겨루었는가 하면, 16세기 메리 여왕은 육군 사관 학교 생도에게 골프백가방을 매게 하고 골프를 즐겼는데 이것이 '캐디'의 시초라고도 한다. 캐디란 골프 플레이어의 가방을 메고 따라가면서 여러 가지 도움을 주는 조력자를 말한다. 캐디caddie라는 말은 미국에서 사관 생도를 가리키는 말이기도 하다.

18세기에는 스코틀랜드를 비롯한 영국의 각지에서 골프 단체들이 생겨나 골프 규칙을 만들고 각종 골프 대회를 열게 되었다. 이어서 영국의 이주민들이 주축인 아메리카 대륙의 캐나다, 미국으로 골프가 전파되어 19세기 말엽에는 아메리카 대륙 최초로 캐나다에서 로얄몬트리올 골프 클럽이 발족했다. 당시 캐나다, 미국 등은 모든 골프 용품을 영국에서 수입했다.

그러나 곧 미국의 골프 수준이 영국을 능가하게 되었으며, 무척 빠른 속도로 보급돼 1916년 미국 프로 골프 협회PGA까지 창설되어 오늘날 세계 최고 수준의 각종 프로 골프 대회를 주관하고 있다.

골프의 전설이 된 잭 니콜라우스, 아놀드 파머 등이 PGA를 통해 세계적인 명성을 얻었으며 골프의 황제로 불리는 타이거 우즈도 일찍부터 이 대회를 통해 두각을 나타냈다. 우리나라 선수로는 최경주가 PGA에서 활약하는 정상급 선수이다. 현재 골프는 세계 50여 개국에서 크게 성행하고 있다.

우리나라 골프의 역사

우리나라에도 골프의 기원에 들어갈 만한 민속놀이가 없었던 것은 아니다. '자치기' 라는 민속놀이가 있다. 이 민속놀이가 언제부터 시작됐는지는 정확히 모르지만 골프와 비슷한 것은 틀림없다. 자치기는 막대자처럼 긴 막대기를 가지고 한 뼘쯤 되는 작은 나뭇가지를 쳐서 상대편이 파놓은 구멍에 집어넣는 놀이다. 공을 치는 것은 아니지만 놀이의 방법이 골프와 많이 비슷하다.

우리나라에 서양의 골프가 처음 들어 온 것은 19세기가 끝나갈 무렵이었으니까 그렇게 늦은 것은 아니다. 물론 서양인들에 의해서였다. 특히 1900년, 우리나라 정부의 세관원으로 채용된 영국인들이 함경남도 원산항에 있는 세관 구역 안에 6홀의 골프장을 만들어 놓고 골프를 즐긴 것을 공식적으로 최초로 보고 있다.

골프 코스는 18홀이 정규 코스이다. 그러나 미국이나 유럽에는 대중들이 즐길 수 있도록 9홀의 퍼블릭 코스가 많이 있다. 당시 우리나라에 외국인들이 차츰 늘어나자 1913년에는 함경남도 원산 근교와 황해도에 외국인 전용 골프장이 만들어졌다.

서양인들이 사용할 목적으로 건설했기 때문에, 한국인은 물론 일본인들조차 출입할 수 없었다. 더구나 한국인이나 일본인들이 접근하지 못하도록 울타리까지 만들어 놓아, 그 규모는 알 수가 없었다.

우리나라의 골프 역사를 얘기할 때 빼놓을 수 없는 분이 영친왕英親王이다. 영친왕은 조선왕조의 마지막 황태자로 역시 마지막 임금이었던 순종의 이복동생이다. 1907년 고종황제가 일제의 강요에 의해 폐위되자 순종이 황위에 오르면서 황태자가 되었다. 당시 국호는 조선이 아니라 대한제국이었다.

그러나 우리나라를 강제로 빼앗으려는 일제는 같은 해, 황태자인 영친왕을 신식 교육을 시킨다는 구실을 내세워 일본으로 데려갔다. 실제로는 인질이었다. 그때 영친왕의 나이는 불과 열한 살이었다. 일본으로 끌려간 어린 영친왕은 그곳에서 교육을 받고 육군 사관 학교에 들어갔으며 일본 왕족의 딸 마사코李方子 여사와 결혼했다.

그 무렵, 영친왕은 일본에서 골프를 배우게 되었고 고국을 그리며 골프로 시름을 잊었다. 왕실이 있는 서울에는 1921년 조선 철도국이 미국인의 설계로 지금의 효창공원 자리에 건설한 9홀짜리 골프장이 있었다. 영친왕은 가끔 서울에 와서 이곳에서 골프를 즐겼다.

하지만 1923년 이 자리에 공원이 들어서게 되면서 골프장은 사라지게 되었다. 그러자 영친왕은 그 다음 해인 1924년 지금의 어린이 대공원 자리에 18홀 코스의 정규 골프장을 만들도록 했다. 그 덕분에 우리나라 역사상 처음으로 '경성 골프 구락부' 가 탄생하면서 차츰 골프가 보급되기 시작했다. 또한 그 영향으로 평양, 원산, 부산, 대구 등지에도 골프장들이 생겨났으며 1937년에는 '조선 골프 연맹' 이 창립되었다.

이 무렵에 우리나라 골프 역사에서 결코 빼놓을 수 없는 또 한사람이 등장했다. 바로 연덕춘延德春이라는 선수다. 그는 17세에 골프를 배웠는데 실력이 뛰어난 것을 알게 된 일본인의 도움으로 일본으로 건너가 본격적으로 골프 수업을 받았다. 그리고 3년 뒤에는 일본 골프 대회에서 8위에 입상했고 26세 때인 1941년, 한국인으로는 처음으로 일본 골프 대회에서 우승을 차지했다. 말하자면 연덕춘은 우리나라의 첫 프로 골프 선수였다.

그 뒤 8.15 해방, 6.25 한국전쟁 등으로 주춤했던 우리나라 골프는 1953년 한국전쟁이 끝나고 '서울 컨트리 클럽' 이 복원되면서 차츰 일반인들에게도 골프가 보급되기 시작했다. 하지만 골프는 역시 비용이 많이 드는 고급 스포츠로 인식돼 대중화되는 데 한계가 있었으며 크게 주목을 받지 못했다.

그러다가 1970년대 들어 와서야 한장상, 김승학 등의 프로 골프 선수들이 일본과 미국에서 우승하게 되면서 차츰 관심을 끌기 시작했다. 1980년대에는 최상호 선수 등이 그 뒤를 이었다. 80년대에는 여자 프로 골프 선수들도 활약하기 시작했다. 구옥희 선수가 일본과 미국에서 뛰어난 활약을 펼쳤고 고우순, 원재숙 선수 등도 일본에서 눈부신 활약을 했다.

하지만 골프는 여전히 일반인들과는 거리가 먼 고급 스포츠로 크게 관심을 끌지 못했다. 골프는 마치 프로 선수들만의 경기로 여겨졌다.

그런데 놀라운 일이 벌어졌다. 1998년, 우리나라는 IMF 경제 위기로 온 국민이 큰 고통을 겪고 있었다. 수많은 사람들이 직장을 잃고 실의에 빠져 삶에 대한 의욕마저 잃고 있을 때였다. 여자 프로 선수인 박세리 선수가 미국에서 가장 권위를 자랑하며 세계 최고의 선수들만 출전하는 US 여자 오픈 대회에서 당당히 우승을 하면서, 세계를 놀라게 하고 우리 국민들에게 큰 감동을 주었다.

그때 박세리 선수의 경기가 전국에 TV 중계되었는데 공이 연못 언저리에 빠지자 양말까지 벗고 들어가 쳐내며 연장전까지 치루며 마침내 우승하는 모습은 감동을 주기에 충분했다. 더욱이 그녀가 양말을 벗자 시커멓게 탄 종아리와 허벅지, 그리고 하얀 발목이 선명하게 드러났다. 박세리 선수가 얼마나 치열하게 연습을 했는지 말없이 설명해주는 증거였다.

피나는 연습과 온갖 난관을 물리치고 우승하는 그녀의 모습에서 실의에 빠져있던 국민들은 용기를 얻었고, 반드시 난관을 극복하겠다는 의욕을 되찾았다. 박 선수는 하루아침에 국민들의 영웅이 되고 롤 모델이 되었다.

그와 함께 골프에 대한 관심도 크게 높아졌으며 부자가 아니더라도 박세리 선수처럼 골프를 할 수 있다는 의욕도 생겨났다. 박 선수가 영웅이 되자 박세리처럼 되겠다며 골프를 배우는 어린이들도 부쩍 늘어났다. 이들이 당시 대개 열 살에서 열두 살 정도의 여자 어린이들로 이른바, '박세리 키즈' 로 불린다.

박세리 선수가 LPGA미국 여자 프로 골프에서 맹활약할 때, 박세리와 동갑인 김미현, 한 살 아래인 한희원 선수 등도 박 선수와 함께 LPGA에서 잇따라 좋은 성적을 올려 한국 여자 골프의 위상을 세계에 떨쳤다.

그뿐 아니라, '박세리 키즈' 인 신지애, 박인비, 오지영, 지은희 선수 등이 성장해서 LPGA에 진출, 수없이 많은 우승을 차지함으로써 LPGA는 한국 선수들이 없으면 안 될 정도로 우리의 골프 실력을 과시하고 있다. 박세리 선수는 LPGA에서 무려 22회나 우승을 차지, 골프 명예의 전당에 까지 오르게 되었다.

남자 선수로는 최경주 선수가 PGA에 참가해서 여러 차례 우승하며 현재도 맹활약을 펼치고 있다. 2009년에는 양용은 선수가 90년이 넘는 역사를 자랑하는 메이저 대회인 PGA 챔피언십 대회에서 타이거 우즈 선수를 물리치고 우승, 세계를 놀라게 했다. 이제 우리나라의 골프 수준은 손색없는 세계 정상급이 되었다.

더욱이 우리나라 남녀 프로 선수들이 미국, 일본을 비롯한 세계 각지의 골프 대회에서 맹활약하는 모습이 거의 빠짐없이 TV로 생중계되어 골프 붐이 일어났으며 골프 대중화에 크게 기여하고 있다.

박세리 키즈

바비는 아빠의 말씀에 따라 곰곰이 생각해 봤지만 꼭 골프를 배우고 싶었다. 잘 할 수 있을 것 같았다.

"꼭 배우고 싶다면 한번 해보자."

아빠도 기꺼이 승낙했다.

"하지만 각오를 단단히 해야 한다. 박세리 키즈, 또 요즘은 김연아 키즈가 아주 많지만 끝까지 포기하지 않고 열심히 해서 성공한 어린이들은 결코 많다고 할 수 없거든. 반드시 해내고야 말겠다는 굳은 의지와 집념이 있어야 하지."

"키즈란 어린이들이라는 뜻이에요?"

"그렇다. 여자 피겨스케이팅의 김연아 선수가 세계 선수 권대회에서 우승하고 올림픽에서 금메달을 따면서 온 국민의 사

랑을 받고 있잖니? 그에 따라 김연아 선수처럼 되고 싶은 꿈을 가진 어린이들이 많아지고 열심히 피겨 스케이팅을 배우고 있는 어린이들을 '김연아 키즈' 라고 한단다."

"박세리 키즈는 그보다 훨씬 전 얘기야."

잠자코 듣고만 있던 브라보가 한마디 거들었다.

"지금부터 벌써 십여 년 전 얘기야. 박세리 선수가 세계에서 가장 권위 있는 미국 골프 대회에서 우승해서 우리 국민들의 영웅이 됐잖아? 거기 감동해서 박세리 선수처럼 되기 위해 골프를 배우기 시작한 어린이들이 '박세리 키즈' 야."

"허허, 브라보가 아주 잘 알고 있구나."

"책에서 봤어요."

"1998년이었다. 그때 박세리 선수가 운이 좋아서 US 여자 오픈에서 우승한 것이 아니야. 박 선수는 초등학교 때부터 혹독한 훈련과 피나는 연습으로 실력을 쌓았기 때문에 우승할 수 있었어. 온갖 어려움을 스스로 이겨나가지 못하면 훌륭한 선수가 될 수 없단다."

"박세리 키즈들도 그랬나요?"

"물론이야. 박 선수가 초등학교 때 골프를 시작했다는 것을 알고, 많은 어린이들이 열 살 안팎의 나이에 골프를 배우기 시작했지. 그리고 박 선수처럼 아주 힘든 과정과 엄청난 경쟁을 이겨낸 몇몇 선수들만이 십년 후에 세계적인 골프 선수로 성공했어."

"그 선수들이 지금 해외에서 박세리 선수에 뒤지지 않는 실력으로 좋은 성적을 거두고 있는 건가요?"

"그렇단다. 신지애, 박인비, 오지영, 지은희, 김송희 선수 등이 대표적인 박세리 키즈인데 박 선수가 US 여자 오픈 대회에서 우승할 때 열 살 정도로 초등학교 3,4학년에 골프를 배우기 시작한 거야. 그밖에도 한두 살 위인 최나연, 안선주, 서희경 등의 선수들이 있지."

"그 언니들이 세계적인 골프 대회에서 우승도 많이 했죠?"

"그렇다. 일일이 손꼽을 수 없을 정도로 많은 대회에서 우승했기 때문에 박세리 키즈가 유명한 거지. 지금도 미국 LPGA에서는 30명이 넘는 우리나라 여자 선수들이 크게 활약하고 있단다.

"두고 보세요. 저는 그 언니들의 키즈가 될 거예요."

바비가 두 주먹을 불끈 쥐었다.

"좋아. 한번 해보자. 요즘은 어떤 운동이든지 일찍부터 시작한다 더구나. 어떤 운동이든 꼭 하고 싶다는 결심이 서면 초등학생 때부터 시작하는 게 좋지."

"저도 늦지 않았죠? 골프를 꼭 배우고 싶어요."

잠깐만

박세리 선수

박세리 선수는 1977년 충청남도 대전에서 태어났다. 어려서부터 운동에 소질을 보였고, 아버지의 권유로 유성초등학교 6학년 때 골프를 배우기 시작했다. 아주 엄격했던 아버지는 박 선수를 가혹하리만큼 호되게 훈련시켰다.

연습장에서 새벽 2시까지 연습했으며 잘 안 되면 될 때까지 공을 쳐야했다. 체력 단련을 위해 매일같이 수백 개의 계단을 뛰어올랐다. 또한 담력을 키우기 위해 한밤중에 혼자서 공동묘지를 다녀오기도 했다. 박 선수는 여자 어린이로서는 도저히 견뎌내기 힘든 혹독한 훈련과 끝이 없는 연습을 이를 악물고 해냈다. 오직 세계적인 골프 선수가 되기 위해서였다.

이 같은 노력으로 박 선수는 국내 대회에서 차츰 두각을 나타내며 우승을 휩쓸다시피 했다. 아버지는 박 선수에게서 가능성이 보이자, 1996년 스무 살이 되었을 때 프로 선수로 전향하고 골프의 본고장이라고 할 수 있는 미국 LPGA로 진출시켰다. 또다시 험난한 역경과 고생을 각오한 것이다.

그리고 말할 수 없는 고난을 극복하고 불과 2년 뒤에 마침내 꽃을 피우기 시작했다. 1998년, 최고의 메이저 대회인 US 여자 오픈 대회에서 우승하고 맥도날드 LPGA 챔피언십 대회에서도 우승을 차지, 세계적으로 각광받는 골프 선수가 되었다.

이처럼 놀라운 성적으로 박 선수는 그해에 LPGA 신인상을 수상했을 뿐 아니라, 당시 경제 위기로 크게 고통 받고 있던 국민들에게 '할 수 있다'는 용기를 주며 영웅으로 떠올랐다.

1998년은 박 선수에게 최고의 해였다. 앞에서 말한 두 대회와 '제이미 파 크로커 클래식 대회', '자이언트 이글 클래식 대회'에서도 우승, 한 해에 무려 4개 대회에서 우승하는 기염을 토했다.

그리하여 세계 최고의 골프 선수가 된 박 선수는 그 뒤에도 각종 대회에서 잇따라 우승, 모두 22회 우승의 놀라운 성적을 올렸다. 2007년에는 골프 선수로서는 최고의 영예인 LPGA 명예의 전당에 입회하게 되었다. 또한 그의 뒤를 잇는 '박세리 키즈'들이 눈부신 활약을 펼쳐, 박 선수는 어느덧 '골프의 여왕', '골프의 전설'이 되고 있다.

골프의 용품과 용구

골프 용품

"아빠, 어디 가는 거예요?"

"가보면 알게 돼."

학교에 가지 않는 토요일 오후였다. 아빠가 바비를 데리고 부지런히 걸어갔다. 그들이 도착한 곳은 골프 용품점 앞이었다.

"골프를 하려면 골프 용품과 용구가 있어야 할 거 아냐? 맨손으로 골프 할래?"

"호호, 그러네요."

"골프는 다른 스포츠 종목보다 필요한 용품과 용구가 많은 스포츠거든. 그래서 골프를 하려면 돈이 많이 든다는 얘기가 있는 거야."

"필요한 것이 많은가요?"

"아무튼 들어가 보자."

"어휴, 오래간만입니다. 어서 오십시오."

골프 용품점 아저씨는 아빠와 서로 잘 아는지 바비와 아빠를 반갑게 맞이했다.

"우리 바비가 골프를 배우겠다고 해서 필요한 용품들을 마련하려고 왔습니다."

"아, 그렇습니까? 골프를 배우기에 딱 좋은 나이군요."

"우선 골프 장갑과 골프화는 꼭 필요하니까 그것부터 사야겠습니다."

"마침 어린이용이 있습니다."

"아빠, 골프를 하려면 장갑도 필요하고 골프화도 필요해요?"

"골프 장갑은 손을 보호하고 골프채를 휘두를 때 미끄러지는 것을 막기 위해서 꼭 필요하거든."

"이게 잘 맞을 것 같다. 한번 손에 껴봐라."

"어머, 그런데 왜 한 짝 밖에 없어요?"

"허허, 골프 장갑은 보통 왼손에만 끼거든. 골프를 배우기 시작하면 자연스럽게 알게 되겠지만, 왼손잡이가 아니라면 골프채를 왼손으로 쥐기 때문에 왼손에만 장갑을 끼면 돼. 오른손은 왼손을 덮어주거나 왼손 위에 올라가게 되니까 장갑을 끼지 않아도 괜찮아."

골프 용품점 아저씨가 자세하게 설명해 주었지만, 바비는 왼손 한쪽만 장갑을 끼는 것이 신기했다. 아빠가 바비에게 예쁜 골프화를 골라 주었다. 축구화와 비슷하게 바닥에는 날카롭지 않은 스파이크들이 달려 있었다.

"골프화도 꼭 필요하거든. 필드에 나가서 골프를 하게 되면 보통 6킬로미터 정도를 걷는단 말이야. 발이 피로하지 않으려면 자기 발에 잘 맞고 가벼워야 하고, 신축성이 있을 뿐 아니라 방수가 잘돼야 좋은 골프화야."

"밑바닥에는 왜 축구화처럼 스파이크가 있어요?"

"응. 그건 스윙, 즉 골프채를 휘두를 때 발이 미끄러져 몸이 흔들리는 것을 막아주기 위한 거야. 또 잔디가 망가지는 것을 막아 준단다."

"골프장에 나가기까지 많은 연습을 해야 한다고 하셨잖아요? 연습할 때도 골프화를 신어야 돼요?"

"당연히 골프화를 신는 게 좋지. 그래야 스윙할 때 발을 고정시킬 수 있고, 발동작이나 위치를 익힐 수 있거든. 어떠니? 발에 잘 맞니?"

"네, 아주 편한데요."

바비는 골프 장갑을 끼고 골프화를 신으니까 이상하게 몸이 가벼워지고, 마치 골프 선수라도 된 것처럼 우쭐해졌다.

"야, 우리 바비 멋있다!"

"이제 다 된 거예요? 아빠."

"모자도 있어야 하는데, 그건 평소에 네가 쓰던 운동 모자를 쓰면 될 거야. 그리고 필드에 나갈 때는 골프 웨어라고 해서, 복장도 골프에 맞는 옷을 입어야 하거든."

"허허, 골프는 예의가 아주 중요한 신사 스포츠여서 복장에도 지켜야 할 규칙들이 있단다. 가령 청바지 같은 것을 입으면 안 되고, 남자들은 반바지를 입으면 안 되는 골프장도 많이 있단다."

용품점 아저씨가 좀 더 자세하게 설명해주었다. 하지만 골프 연습장에서는 운동하기 편한 운동복도 괜찮다고 덧붙여 이야기 했다. 그밖에도 골프는 야외에서 여러 시간 걸어 다녀야 하기 때문에 우산, 수건 따위도 꼭 필요하다고 했다.

"그렇지만 이러한 것들은 골프 용품이고, 정말 꼭 필요한 것이 골프 용구들이야. 골프를 하는 도구들이란 말이야. 야구를 하려면 글로브, 배트, 야구공 등이 필요한 것처럼."

골프 용구

"골프를 하려면 먼저 골프공을 치는 골프채가 있어야겠지?"

"저 기다란 막대처럼 생긴 것들이 모두 골프채인가요?"

"그래, 골프는 야구처럼 배트 하나로 공을 치는 것이 아니라, 여러 개가 있어야 돼."

"어머, 몇 개나 필요해요?"

"우리가 그냥 우리말로 골프채라고 하지만, 골프 클럽이라고 하거든. 제대로 골프를 하려면 골프 클럽이 14개가 있어야 돼. 그걸 골프 클럽 세트라고 하지."

"아, 그래서 큰 가방에 넣어가지고 다니는구나?"

"허허, 꽤 무겁거든. 바비, 네가 어깨에 메기도 힘들 거야."

"14개가 제각기 다른 거예요?"

"물론 약간씩 차이가 있지."

"그게 모두 필요한 거예요?"

"중, 고등학생이 되어서 정식으로 골프를 하려면 모두 필요하고, 모든 클럽을 사용할 줄 알아야 돼. 하지만 초등학생으로 골프를 배울 때는 14개가 모두 꼭 필요한 것은 아니야."

"그럼 꼭 필요한 것만 사주세요."

"음, 거기에 대해서는 전문가인 용품점 아저씨가 설명을 해

주실 거다.”

“그래, 내가 설명을 해줄게.”

용품점 아저씨는 골프 클럽에 대해서 설명을 해주었다. 특히 어린이들이 사용할 수 있는 골프 클럽에 대해서는 더욱 자세하게 알려 주었다. 골프 용품 전문가인 아저씨의 설명을 정리하면 대략 다음과 같았다.

골프 용구

1. 클럽의 형태

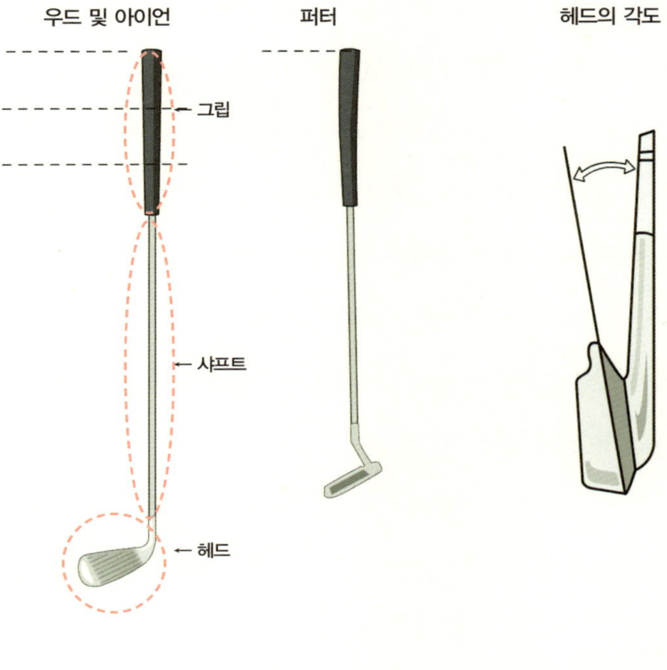

2. 클럽의 종류

- 우드, 드라이버, 유틸리티
- 아이언
- 웨지
- 퍼터

3. 각 클럽의 특징

- 각 클럽에는 번호가 있다.
- 낮은 번호일수록 샤프트의 길이가 길고 헤드의 각도가 작아 공을 쳤을 때 멀리 간다.
- 높은 번호일수록 샤프트의 길이가 짧고 헤드의 각도가 커서 공이 날아가는 거리는 짧지만 높이 떠오른다.
- 우드는 헤드가 크고 두툼한 나무로 되어 있어서 멀리 날아가고 공이 잔디에 떨어져서도 많이 굴러간다.
- 아이언은 헤드가 쇠로 되어 있고 두께가 얇다. 클럽에 따라 날아가는 거리가 비교적 일정하기 때문에 필요한 거리와 위치에 정확하게 공을 떨어뜨릴 수 있다. 공이 떠올랐다가 떨어지므로 많이 굴러가지 않는다.
- 웨지는 샌드S와 피칭P 등이 있다. 모두 헤드의 각도가 아주 커서 공을 퍼 올려야할 때 사용한다.

- 샌드S는 모래 구덩이인 벙커에서 공을 퍼 올릴 때 사용한다.
- 피칭P은 깊숙한 덤불러프에 공이 빠졌거나, 홀이 있는 그린 가까운 곳에서 공을 그린으로 올려야할 때 많이 사용한다.
- 퍼터는 그린 위에서 공을 홀에 밀어 넣을 때 사용하는 클럽이다. 무게, 모양, 샤프트의 길이가 다양하므로 자기 손에 잘 맞는 것을 골라야 한다.

"하지만 골프를 시작하는 초등학생들이 처음부터 클럽을 모두 갖출 필요는 없어."

"더구나 골프는 필드에 나가기 전에 아주 많은 연습이 필요하거든. 클럽을 하나씩 마련하면서 연습을 통해서 익숙해지면 또 다른 클럽을 마련해서 다시 그 클럽에 익숙해지고, 이렇게 하나씩 장만하면 되는 거야."

바비는 골프 클럽의 이름조차 기억하기 어려웠다. 하지만 용품점 아저씨와 아빠가 열심히 설명해 주자, 바비는 조금 안심이 되었다. 아저씨가 이야기했다.

"바비는 우선 아이언 5번, 7번, 두 개만 준비하고, 연습을 많이 해서 어느 정도 익숙해지면 드라이버와 퍼터를 마련해서 함께 연습하면 될 거야."

"그게 좋겠군요. 그런데 우리 바비한테는 다 너무 크지 않을까요? 어린이가 사용하는 클럽이 있습니까?"

"염려 마십시오. 초등학생 어린이가 어른들이 쓰는 샤프트가 긴 클럽을 사용하기는 어렵죠. 어린이는 어린이의 키에 맞는 샤프트가 짧은 클럽을 써야 하거든요."

"그런 클럽이 있을까요?"

"허허, 염려 마시라니까요. 여기서 딱 맞게 만들어 드릴 수 있습니다."

"아, 그렇습니까?"

"샤프트의 길이는 얼마든지 조절할 수 있거든요. 긴 것을 바비의 키에 알맞게 자르면 됩니다."

"하지만 값비싼 새 클럽을 잘라내면 아깝지 않습니까? 꼭 신품을 쓸 필요는 없죠?"

"그렇습니다. 사람들이 이상하게 신제품을 좋아해서 골프를 시작하기도 전에 값비싼 신제품 클럽, 그것도 외국제 클럽을 구입하는 경향이 있거든요."

"우리나라 제품들도 좋지 않습니까?"

"물론이죠. 국산 골프 클럽도 아주 좋습니다. 뿐만 아니라, 골프는 오랫동안 골프 연습장에서 연습을 해야 하지 않습니까? 굳

이 새 클럽을 쓸 필요가 없습니다. 비싸다고, 무조건 좋은 것은 아니니까요. 값싼 중고품 골프 클럽들이 얼마든지 있거든요. 연습은 중고 골프 클럽으로도 충분합니다."

"좋습니다. 그럼 중고품으로 바비한테 맞는 아이언 5번, 7번부터 만들어 주시죠."

"알겠습니다."

용품점 아저씨는 바비의 키를 재고, 즉시 골프 클럽 몇 개를 만들기 시작했다.

"아빠, 아이언 5번, 7번부터 연습하는 이유가 있어요?"

"응, 그건 아이언 7번이 샤프트의 길이, 헤드의 각도, 공이 날아가는 비거리 등이 모든 클럽의 중간쯤 되기 때문이야."

"아, 그러니까 아이언 7번으로 연습해서 익숙해지면 나중에 다른 클럽으로도 연습이 쉽기 때문이군요?"

"그렇지."

"자, 다됐습니다."

이윽고 용품점 아저씨가 바비의 키에 맞는 골프 클럽 몇 개를 내주었다.

"바비야, 네가 한번 클럽을 잡아봐라."

바비가 클럽을 쥐고 흔들어도 보고 가볍게 휘둘러보기도 했

다. 골프 클럽을 쥐고 흔드니 마치 TV 속에 나오는 골프 선수가 된 것 같았다. 기분이 아주 좋았다. 당장 골프 연습을 시작하고 싶었다. 아빠는 바비에게 골프 클럽 몇 개만 들어갈 수 있는 작은 골프 가방도 사주었다.

"골프공은요?"

"당장은 골프공이 필요하지 않다. 골프 연습장에 준비돼 있는 골프공으로 연습하면 되거든."

"내가 골프공 몇 개를 줄게."

"고맙습니다."

아저씨가 골프공을 주면서 설명을 곁들였다.

"골프를 배우려면 골프공에 대해서도 알아두는 것이 좋다. 골프공은 겉보기에는 이렇게 모두 똑같은 것 같지만, 몇 가지 종류가 있단다. 겉모양은 같지만 골프공을 잘라보면 속이 두 겹, 세 겹, 네 겹으로 되어있거든. 두 겹으로 된 것을 2피스, 세 겹은 3피스, 네 겹은 4피스라고 하지. 상황에 맞게 필요한 것을 쓰면 돼."

"그게 무슨 차이가 있나요?"

"2피스는 공이 딱딱해서 거리가 멀리 나가거든. 그래서 힘이 약한 어린이나 여자들이 쓰기에 좋지. 내가 너에게 준 것도 투피스 공이란다."

"3피스는 어떤 차이가 있어요?"

"3피스, 4피스는 2피스에 비해 비거리는 좀 떨어지지만 공에 회전이 많고, 조절력이 좋아서 프로 선수들이 많이 쓰지."

"바비야, 그 정도만 알면 됐어. 골프장에서, 즉 필드에서 정식으로 골프를 칠 때는 반드시 자기 공을 사용해야 돼. 또 경기 도중에 공을 멋대로 바꾸거나 실수로 다른 사람의 공으로 치게 되면 모두 반칙이야."

"그런 거는 지금 몰라도 되죠?"

"물론이지. 지금 당장은 몰라도 돼. 앞으로 골프를 배우면서 천천히 알게 될 거야. 그리고 필드에 나가서는 공을 멀리 보내야 할 때, 공을 올려놓고 치는 골프 티도 있어야 하지만, 연습할 때는 필요 없어."

"허허, 아빠 말씀이 맞다. 골프는 필드에 나가는 것보다 연습하는데 훨씬 많은 시간이 걸리는 스포츠야. 연습이 곧 골프라고 말할 수 있을 정도지."

"여러 가지 가르쳐 주셔서 고맙습니다."

"그래. 열심히 연습해서 박세리 키즈같은 골프 선수가 되거라. 알았지?"

골프 연습장

바비와 아빠가 골프 용품과 간단한 골프 용구를 가지고 집에 돌아오자 브라보가 몹시 부러워했다.

"야, 멋있다. 나도 골프를 해서 우리나라의 타이거 우즈가 될까?"

"타이거 우즈는 아무나 되는 줄 알아? "

"자신 있다고요. 저는 운동신경이 뛰어나잖아요?"

"스포츠는 운동신경이 뛰어나다고 해서 모두 잘하는 게 아냐. 피나는 연습과 훈련이 있어야 되는 거야. 특히 골프는 연습과 훈련이 매우 중요해."

"바비, 너 그럴 자신 있어?"

"걱정 마."

"바비야. 아빠가 사준 골프채는 장난감이 아니야. 정말 각오를 단단히 하지 않으면 안 돼. 골프는 하루도 빠짐없이 매일같이 연습하지 않으면 안 된단 말이야."

"두고 보세요, 아빠. 정말 열심히 할 거예요."

"내일부터 당장 골프 연습장에 나간다."

"알았어요."

아빠는 다시 한 번 당부를 했다. 그리고 골프 연습장에 대한 이야기를 해주었다.

"필드, 즉 골프장에 나가는 것은 쉬운 일이 아니거든. 그래서 골프하는 사람들은 거의 매일같이 연습장에 가서 스윙 연습을 한단다."

"스윙이란 골프채를 휘두르는 걸 말씀하시는 거죠?"

"그래. 앞으로 배우게 되겠지만 골프채를 휘둘러 공을 때리는 것이 스윙이야. 말로 설명하기는 쉽지만 스윙은 생각보다 훨씬 어렵지. 공을 정확하게 맞춰야 하고, 클럽에 따라 공이 날아가는 거리가 일정해야 하기 때문에 꾸준히 연습하지 않으면 안 돼. 그래서 타이거 우즈 같은 유명한 선수들도 매일같이 스윙 연습을 하는 거야."

"아빠, 야구보다 쉬울 것 같은데요?"

브라보가 의아하다는 듯 아빠에게 물었다.

"야구는 투수가 던진 공을 배트로 치잖아요? 아주 빠른 속도로 날아오는 공을 치는 게 쉬운 일이 아니잖아요? 그런데 골프는 제자리에 놓여있는 공을 치는 거니까 야구보다 쉽지 않아요?"

"그럴 것 같지만, 제자리에 놓여 있는 작은 공을 골프채를 휘둘러 각도에 따라 정확히 맞추고, 의도한 방향으로 정확하게 날아가서 정확한 위치에 떨어뜨린다는 것이 결코 쉬운 일은 아니지. 때문에 꾸준히 연습하는 방법밖에 없어."

"아빠, 골프 연습장은 많이 있어요?"

"물론, 골프하는 사람들이 아주 많으니까 골프 연습장도 무척 많지. 연습장의 형태도 여러 가지가 있고."

"연습장의 형태가 뭐예요?"

"몇 가지로 나눠 볼 수 있지. 크게는 실내 연습장과 야외 연습장으로 나눌 수가 있거든. 야외 연습장은 넓은 공터에 아주 높게 그물망을 만들어 놓고 필드에서 치는 것처럼 공이 멀리 날아갈 수 있는 연습장이야."

"아, 알아요. 우리 학교 가는 길에도 있어요. 골프공이 날아가는 게 보여요."

브라보가 아는 척 했다. 친구들과 학교에 가다가 잘못 날아

온 골프공을 주운 적도 있었기 때문이다.

"그럼 실내연습장은요?"

"실내 골프 연습장도 두 종류가 있거든. 하나는 건물 실내에 있어서 공간은 넓지 않지만 스윙 자세와 공을 정확하게 맞추는 연습을 할 수 있는 곳이야. 그리고 또 하나는 스크린 골프라고 해서 요즘 부쩍 늘어난 연습장인데, 영화관처럼 첨단 기술을 이용한 스크린을 설치해 놓았거든."

"스크린에 뭐가 나와요?"

"실제로 필드에 나간 것처럼 스크린에 골프 코스가 나오거든. 그것을 보면서 공을 치면 정말로 필드에서 치는 것처럼 스크린 안에서 공이 날아가고, 공이 떨어진 위치가 나오고, 공이 날아간 거리까지 나타나지."

"야, 멋있는데요. 그러면 실제로 골프장에서 치는 것과 다름 없겠네요?"

"그런 기분을 느낄 수 있는 것이 스크린 골프야."

"아빠, 그럼 저는 어디서 연습하는 거예요?"

"스크린 골프는 어느 정도 골프를 할 줄 아는 사람들이 가는 곳이고, 야외 연습장에 가서 시작할 수도 있겠지만, 우선 기초부터 익혀야 하니까 실내 연습장에 가서 기본부터 배우도록 할 거다."

뜻밖의 라이벌

아빠는 내일 바비를 골프 연습장에 데리고 가서 등록시키겠다고 했다. 매일 학교 수업이 끝나면 연습장에 가서 하루 한 시간씩은 반드시 연습을 해야 한다고 다시 한 번 당부했다.

그런데 뜻밖의 일이 생겼다. 주방에서 저녁 식사를 준비하며 골프 얘기를 말없이 듣고 있던 엄마가 다가왔다.

"여보, 나도 골프 배우면 안 될까?"

"응? 당신도?"

"그렇지 않아도 몸이 자꾸 불어나서 뭔가 운동을 해야겠다고 생각했거든요. 그런데 지금 골프에 대해서 얘기하는 걸 가만히 듣고 보니까 나도 골프를 배우고 싶어졌어요."

"엄마, 좋아요. 저하고 같이 배워요."

"엄마가 운동하시는 건, 저도 찬성이에요."

누구보다 먼저 바비가 좋아했다. 브라보도 적극 찬성했다.

"허허, 우리 가족이 모두 찬성하는데 나만 반대할 수는 없잖아?"

"다수결로 해도 우리가 이겨요, 아빠."

"알았다. 아빠도 찬성이다."

"엄마의 골프 배우는 문제는 만장일치로 통과됐습니다. 땅땅땅!"

브라보가 장난스럽게 탁자를 손바닥으로 두드렸다. 저녁 식사를 마치고 온가족이 다시 골프 용품점에 가서 엄마에게 필요한 골프 용품과 용구들을 구입했다.

"어때? 마음에 들어?"

"너무 좋아요. 내가 골프를 배우다니 기분이 날아갈 것 같아요."

"엄마는 이제 내 라이벌이야. 내가 엄마보다 더 잘해야지."

"나도 바비한테는 지지 않을 거야."

아주 즐거운 저녁 한 때였다.

이튿날, 직장에서 퇴근한 아빠는 바비와 엄마와 함께 실내 골

프 연습장을 찾아갔다. 아빠가 오랫동안 골프 연습을 하셨던 연습장이라고 했다. 그곳에서 골프를 가르치는 레슨코치라는 분이 반갑게 아빠를 맞이했다.

"어휴, 오래간만입니다."

"반갑습니다."

"갑자기 웬일이십니까?"

"여보, 인사드려. 여기 레슨코치님이야. 바비도 인사드리고."

"바비가 골프를 배우려나 보죠?"

"그렇습니다. 바비하고 바비엄마도 함께 골프를 배우겠다는군요."

"아, 그렇습니까?"

"선생님께서 골프의 기초부터 잘 가르쳐 주셔야겠습니다."

"최선을 다하겠습니다."

"잘 부탁드립니다."

인사가 끝나고 레슨코치 선생님은 바비와 엄마가 가지고 간 골프 클럽을 보더니 만족해했다.

"됐습니다. 처음 골프를 배우는 초보자로서 클럽이 이 정도면 아주 훌륭합니다. 오늘은 타석이 모두 예약이 돼 있으니까 내일부터 시작하죠. 그 대신에 제가 조그만 책자를 하나씩 드릴

테니까 집에서 잘 읽어보고 내일 나오도록 하시죠.”

골프를 가르치는 선생님은 바비가 학교에서 돌아오는 시간에 맞춰 엄마와 함께 연습할 수 있도록 시간을 정해 주고, 책자를 하나씩 주었다. 얇은 책자의 겉장에는 ‘골프 용어집’ 이라고 쓰여 있었다.

“아휴, 나도 뒤늦게 공부하게 생겼네.”

집으로 돌아 온 바비와 엄마는 골프 용어집을 살펴보기 시작했다.

“잘 모르는 것이 있으면 나한테 물어봐.”

아빠의 말을 듣는 척 마는 척 바비와 엄마는 골프의 용어들을 주의 깊게 살펴나갔다. 용어들이 아주 많았는데 크게 두 가지로 나눠 놓았다. 하나는 골프를 처음으로 배우는 사람들이 기본을 배우고 연습하는데 필요한 용어들이었고, 또 하나는 어느 정도 골프를 익히고 나서 필드 골프장에 나갔을 때 꼭 알고 있어야 할 용어들이었다. 먼저 골프를 처음 배울 때 알아두어야 할 용어부터 살폈다. 대략 중요한 기본적인 용어들은 다음과 같았다.

골프를 처음 배울 때 꼭 알아야 할 용어들

클럽 골프공을 치는 골프채를 말한다. 갖가지 골프채 14개를 풀세트라고 하며, 절반인 7개를 하프세트라고 한다.

그립 골프채의 손잡이 부분을 가리킨다. 골프채에 따라 그립이 굵은 것도 있고 가는 것도 있다. 전문가의 도움을 받아 자기 손에 잘 맞는 것을 골라야 한다. 골프채를 쥐는 방법도 그립이라고 한다.

내추럴그립 야구 배트를 쥐는 것처럼 손가락 열 개로 그립을 쥐는 방법. '베이스볼그립'이라고도 한다.

오버래핑그립 오른손 새끼손가락과 왼손 둘 째 손가락이 서로 얽히도록 그립을 쥐는 방법

인터로킹그립 오른손 새끼손가락과 왼손 엄지손가락을 서로 얽혀 그립을 쥐는 방식으로 손이 작고 손가락이 짧은 어린이나 여자에게 편리하다.

샤프트 골프채의 그립에서 공을 치는 헤드까지 연결된 부분. 골프채의 길이를 가늠하는 자루 부분이다. 크게 나눠 스틸강철로 된 것과 카본으로 된 두 종류가 있다. 스틸 샤프트는 정확도가 뛰어나 프로 선수들이 많이 사용하고 카본 샤프트는 가볍고 탄력이 있어서 일반인이나 여성, 어린이들이 많이 사용한다.

헤드 골프채의 공을 때리는 머리 부분. 무거우면 거리가 멀리 나가지만 스윙할 때 흔들리기 쉽고 가벼우면 공이 날아가는 거리가 짧다.

우드 헤드가 나무로 된 골프채. '우든클럽'이 정식 이름이다. 1번부터 5번까지 여러 종류가 있으며 각기 고유의 이름이 있다. 1번은 드라이버, 3번은 스푼이라고 한다. 선수가 아니라면 1번, 3번만 갖추면 된다.

샤프트가 길어서 거리가 멀리 나가는 것이 특징이다.

아이언 헤드가 금속으로 된 골프채. 역시 번호가 붙어있어 1번부터 9번까지 있다. 아마추어들은 3번부터 9번까지 갖추고 있으면 충분하다. 거리가 정확하고 각기 로프트각도가 달라 공을 높이 띄우거나 정확한 위치에 떨어뜨릴 수 있다. 흔히 아이언 1, 2, 3번을 '롱 아이언' 4, 5, 6번을 '미들아이언' 7, 8, 9번을 '숏아이언'이라고 한다.

웨지 로프트각도가 큰 아이언 클럽으로 헤드가 무겁다. 샌드웨지와 피칭웨지가 있다. 샌드웨지는 벙커모래 구덩이에 떨어진 공을 퍼 올릴 때 사용하고, 피칭웨지는 짧은 거리에서 공을 높이 띄워 떨어질 때 공이 많이 구르지 않도록 할 때 주로 사용한다.

퍼터 그린 위에서 홀컵에 공을 굴려 넣을 때 사용하는 클럽이다.

페이스 헤드에서 공을 때리는 부분을 말한다. 여러 개의 가로로 된 홈이 파여 있다. 공이 페이스에 정확히 맞아야 원하는 방향과 거리로 날아간다.

솔 헤드의 바닥에 닿는 밑 부분을 말한다.

넥 골프채에서 샤프트와 헤드가 연결된 부분.

로프트 각 클럽의 경사 각도.

스윙 골프채를 휘두르는 것. 생각보다 몹시 까다롭고 스윙이 이루어지기까지 여러 단계가 있다.

스탠스 스윙할 때 두 발의 위치와 각도를 말한다. 클럽의 크기에 따라, 또 스윙하는 자세, 공이 놓인 위치에 따라 스탠스가 다르다.

왜글 공을 치기 전에 스윙의 느낌을 미리 연습해 보는 동작. 클럽 헤드를 몇 차례 흔들어 보거나, 가볍게 한 두 차례 스윙을 해보는 동작을 말한다.

어드레스 공을 치기 위한 준비 자세를 말하는 것으로, 그립, 스탠스, 몸의 자세 등을 가리킨다. 스윙을 하기 위해 클럽을 치켜 올리기 전까지, 발아래 놓인 공을 응시하며 클럽을 움직이기 시작하는 동작.

스웨이 스윙할 때 상반신이 흔들리는 것을 말한다. 스윙할 때는 클럽을 움직일 뿐 몸이 흔들리면 공을 정확하게 맞출 수 없다.

백스윙 머리 뒷부분의 정점까지 클럽을 치켜 올리는 동작.

다운스윙 공을 치기 위해 클럽을 치켜 올렸다가 휘둘러 공을 향해 내려오는 동작으로 공이 맞는 임팩트 순간까지를 말한다.

피니시 공을 치고 난 뒤 스윙의 마무리 동작.

임팩트 클럽 헤드페이스에 공이 맞는 순간.

헤드업 임팩트 순간에 머리를 들어 올리는 것. 공이 클럽에 맞는 순간까지 머리를 움직이지 말아야 한다. 야구도 마찬가지다. 공이 배트에 맞고 난 뒤에야 공이 날아가는 방향을 바라본다.

샷 클럽으로 공을 치는 동작을 말한다

런 클럽으로 친 공이 날아가다가 떨어져서 굴러가는 것. 클럽의 로프트각도가 작을수록 런이 많다.

슬라이스 공을 칠 때 클럽 페이스가 공의 바깥쪽에 맞아서 오른쪽으로 휘어 공이 날아가는 것.

훅 슬라이스와 반대로 클럽 페이스가 공의 안쪽에 맞아서 왼쪽으로 휘어 날아가는 것.

콕 백스윙할 때 손목을 꺾어서 구부리는 동작.

톱 공을 정확히 맞추지 못하고 공의 윗부분을 때리게 되는 것. 공이 제대로 날아가지 못한다.

타이밍 스윙할 때 템포나 리듬, 호흡 등이 잘 맞아야 좋은 스윙을 할 수 있다. 그것을 타이밍이라고 한다.

폼 스윙의 자세. 골프에서는 스윙의 폼이 대단히 중요하다.

야드 골프에서는 거리를 나타낼 때 미터법을 쓰지 않고 공식적으로는 야드를 쓴다. 1야드는 대략 90센티미터가 조금 넘는다.

딤플 골프공 표면의 움푹 움푹 조금씩 들어간 부분.

비기너 골프를 시작한 지 얼마 안 되는 초보자를 말한다.

하이마트
하이마트

2

골프 배우기

골프 연습장에서 생긴 일

바비와 엄마는 아빠의 친절한 설명을 들어가며 골프의 기본적인 용어들을 익혔다. 아빠는 골프의 기술적인 부분들은 입으로 설명하기 어렵다고 하면서 모든 것을 연습장에서 차근차근 하나씩 익혀 나가야 한다고 이야기했다. 바비와 엄마는 서로 열심히 배우기로 다짐했다.

이튿날 바비는 학교에서 돌아오자마자 엄마와 함께 골프 연습장을 찾았다. 레슨코치 선생님은 무거운 골프 클럽을 매일같이 들고 다니지 않아도 된다며 개인 사물함을 정해 주었다. 골프채 한 개만 가지고 다니면서 집에서도 연습을 해야 한다고 했다.

바비와 엄마가 사물함 앞에 있는 긴 의자에 앉아서 골프화로 갈아 신고 있을 때였다. 뜻밖에 다솜이가 그곳에 나타났다. 다솜이는 지난해 바비와 같은 반이었지만 올해는 다른 반이 된 여자애였다. 시샘이 많고 다른 아이들을 많이 괴롭혀 선생님께 자주 꾸중을 들었다.

"어머, 바비가 여기 웬일이냐?"

"으응, 오늘부터 골프를 배우기로 했거든. 너는?"

"난 벌써 골프 배운 지 한 달이 넘었어. 바비가 나만큼 골프를 치려면 한참 걸릴텐데."

"엄마, 얘가 다솜이에요."

"안녕하세요?"

"나도 바비하고 함께 골프를 배우려고 왔다."

"호호, 제가 바비엄마보다도 골프 선배네요."

"그렇구나."

"호호, 앞으로 저한테 배워야 할 걸요."

다솜이가 씨익 웃고 자기 골프채를 들고 지나갔다.

"저 애는 좀 버릇이 없는 것 같다."

"우리 학교에서 모르는 애가 없는 말썽꾸러기예요. 다솜이가 골프를 배우고 있는 줄은 몰랐어요. 자꾸 이것저것 참견하면 어쩌죠?"

"신경 쓸 것 없어. 우리는 우리대로 열심히 하면 되는 거야."

엄마는 그렇게 말했지만 바비는 다솜이와 같은 연습장에서 골프를 배운다는 것이 자꾸 마음에 걸렸다.

(1) 그립

이윽고 레슨코치 선생님이 바비와 엄마를 연습장 한쪽으로 불러 세우더니 골프채 아이언 7번을 손에 들도록 하였다.

"골프를 친다는 건 골프채로 골프공을 쳐서 원하는 방향으로 원하는 거리만큼 공을 보내는 겁니다. 그러자면 우선 골프채를 손으로 잡아야겠죠?"

"네."

"그런데 골프채를 아무렇게나 잡는 게 아닙니다. 손으로 골프채를 쥐는 방법이 있어요. 이것이 골프를 배울 때 제일 먼저 익혀야 할 기본 기술입니다. 생각보다 쉽지가 않거든요."

"아빠도 그런 말씀을 하셨어요."

"어제 제가 드린 골프 용어집 읽어 보셨죠?"

"네."

"그립이 뭐죠?"

"골프채 손잡이요."

"또 골프채를 쥐는 방법도 그립이라고 한다고 나와 있어요."

엄마가 대답했다.

"네, 맞습니다. 그립에는 크게 세 가지가 있다고 했죠?"

"오버래핑그립, 인터로킹그립, 내추럴그립."

"네, 맞습니다. 어머니가 바비보다 더 열심히 공부하셨군요."

"여자나 어린이에게는 인터로킹그립이 더 맞는대요, 선생님."

"어허, 바비도 용어집을 열심히 읽었구나? 자, 그럼 한 가지씩 직접 해볼까요?"

레슨코치 선생님은 그립을 쥐는 방법을 한 가지씩 시범을 보여주면서 바비와 엄마에게 그립을 방법에 따라 직접 쥐어 보도록 했다.

그립을 쥐는 것은 선생님 말처럼 손쉬운 일이 아니었다.

오버래핑그립

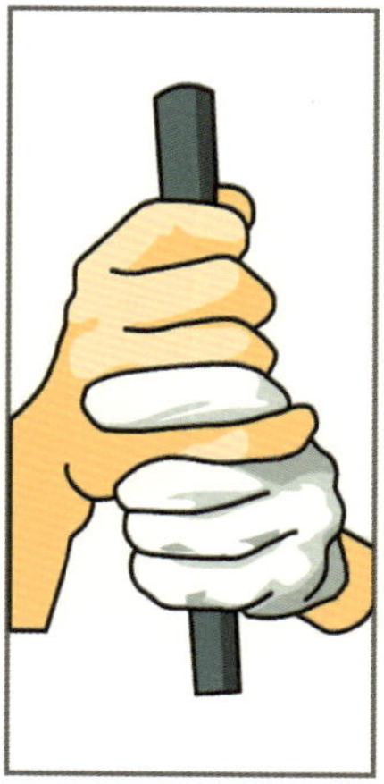

인터로킹그립

내추럴그립

"생각보다 어렵죠? 그립을 잘못 쥐게 되면 아무리 연습을 많이 해도 공을 제대로 칠 수가 없어요. 그래서 어느 유명한 외국의 골프 전문가가 골프의 70%는 그립에 의해서 좌우된다고 했어요."

"처음 골프를 배울 때부터 그립을 잘 잡아야겠군요?"

"물론입니다."

"선생님, 그럼 세 가지 그립을 쥐는 방법 가운데 어느 방법이 가장 좋은 거예요?"

"좋다 나쁘다, 말하기 어렵죠. 중요한 것은 어떤 방법이 자기한테 가장 잘 맞느냐 하는 겁니다."

"각 방법마다 장단점이 있나요?"

"그렇죠. 가령 내추럴그립은 야구 배트처럼 잡는 거니까 손에 잡기 쉽고 휘두르기 쉬어서 노인들이 주로 사용하지만 공이 날아가는 방향성이 좋지 않고 안정성이 부족한 단점이 있습니다."

"나머지 두 가지 방법은요?"

"가장 많이 사용하는 그립은 오버래핑그립이에요. 방향성도 좋고 공이 날아가는 비거리도 좋죠. 하지만 힘차게 스윙할 때 자칫하면 그립을 잡은 손가락이 풀려 골프채를 놓치거나 한쪽 손이 떨어지는 경우가 있거든요. 그래서 손에 힘이 있어야 합니다."

"그럼 인터로킹그립이 제일 좋은 건가요?"

"그런 것이 아니라, 인터로킹그립은 스윙할 때 그립을 잡은 두 손이 떨어지지 않기 때문에, 손이 작고 손힘이 약한 여자나 어린이들에게 비교적 적당한 그립이라고 할 수 있어요. 비거리도 많이 나오고요."

"선생님, 그럼 엄마하고 저는 인터로킹그립이 좋겠네요?"

"그래, 나도 인터로킹그립을 권하고 싶다."

그립을 잡는 방법이 결정되었다. 하지만 그것으로 끝난 것이 아니었다.

"아직 그립을 쥐는 방법이 끝난 게 아닙니다. 그렇게 방망이 잡듯 마구 잡으면 안 됩니다. 손가락 열 개를 모두 사용해서 꽉 잡는 게 아니거든요. 자, 저를 따라서 해보세요."

여기서 한 가지 알아 둘 것은 왼손잡이가 골프를 하려면 훨씬 더 많은 준비가 필요하다는 것이다. 외국에는 유명한 왼손잡이 프로 골프 선수도 있고, 왼손잡이를 위한 골프채나 시설이 있기는 하지만, 국내에서는 아직 왼손잡이가 골프를 하려면 불편한 점들이 대단히 많다.

골프채도 대부분 오른손잡이용이고, 모든 시설이 오른손잡이 위주로 되어있다. 따라서 왼손잡이지만 오른손으로 배우는 사람들도 많다. 다행히 골프 스윙은 오른손보다 왼손 사용이 더

많기 때문에 연습을 많이 하면 익숙해질 수 있다. 바비와 엄마는 오른손잡이였기 때문에 별 문제가 없었다. 코치 선생님도 당연히 오른손잡이를 기준으로 가르쳐 주었다.

"골프의 스윙은 왼손이 주도합니다. 따라서 왼손으로 골프채를 잡고 오른손이 왼손을 도와준다는 느낌이 들도록 해야 하죠. 그러자면 그립을 왼손으로 쥐어야겠죠?"

"네."

"자, 왼손의 엄지손가락을 빼놓고 네 손가락으로 그립을 쥐어 보세요. 네 개의 손가락으로 쥐되 둘째 손가락에는 힘을 주지 말고 세 번째 손가락부터 세 개의 손가락에 약간 힘을 주어 골프채를 들어보세요.”

“이렇게요?”

“그렇죠. 다음 엄지손가락을 그립의 위에 똑바로 올려놔 보세요.”

“됐어요?”

“됐습니다. 그렇게 왼손으로만 그립을 쥐고 골프채를 시계추처럼 흔들어 보세요.”

“무거운데요, 선생님.”

“처음에는 좀 무겁게 느껴지겠지만, 그렇게 왼손만 이용해서도 공을 칠 수 있어야 합니다. 자꾸 흔들어 보세요. 이것도 중요한 스윙 연습입니다.”

“그럼 오른손은 뭐해요?”

“허허, 오른손도 쓸 데가 있습니다. 우리가 인터로킹그립을 하기로 했죠?”

“네.”

“자, 보세요. 지금 골프채를 왼손 셋째, 넷째, 새끼손가락에 약간 힘을 주어 쥐고 있죠? 둘째 손가락은 비교적 자유롭고요. 이 왼손 둘째 손가락과 셋째 손가락 사이에 오른손의 새끼손가락을 끼어 넣어 왼손 둘째 손가락과 오른손 새끼손가락을 깍지가 되게 서로 꼭 쥐어 보세요."

"와아, 아주 편한데요."

"이제 인터로킹그립이 된 겁니다."

"드디어 왼손, 오른손이 만났네요."

"아직 끝나지 않았습니다. 다음은 골프채 손잡이 위에 똑바로 놓은 왼손 엄지손가락을 오른손으로 덮어 보세요."

"덮었어요."

"그렇게 하면 오른손 엄지손가락과 둘 째 손가락을 자유롭게 움직일 수 있지 않나요?"

"네."

"다음 오른손 둘 째 손가락으로 골프채를 쥐면서 엄지와 둘 째 손가락을 살짝 붙여 영어의 V자가 되게 해보세요."

"어휴, 쉽지 않은데요, 선생님."

"허허, 생각보다 어렵다고 말씀드렸죠? 그렇게 골프채를 쥐고서 시계추가 움직이는 것처럼 골프채를 흔들어 보세요. 아주 중요하니까 손에 익숙해지도록 많이 연습해야 합니다. 계속하세요."

레슨코치 선생님이 가르쳐 준 인터로킹그립으로 골프채를 쥐는 방법을 그림으로 나타내 보면 다음과 같았다.

바비와 엄마가 열심히 그립을 잡는 방법을 익히며 골프채를

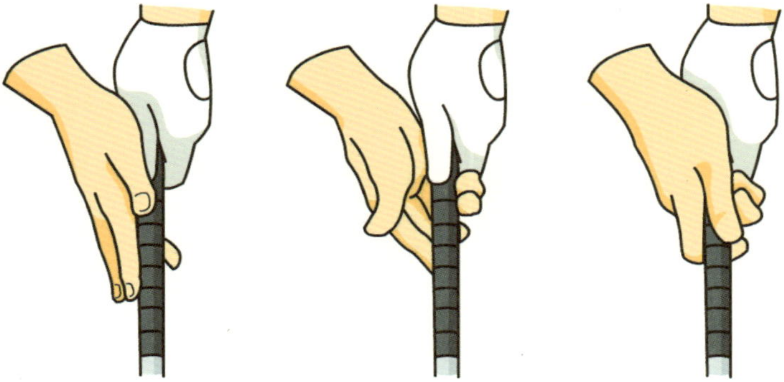

인터로킹그립

시계추처럼 흔들고 있을 때, 어디서 나타났는지 다솜이가 다가왔다.

"호호, 완전히 왕초보구나. 나만큼 치려면 아직 멀었다."

"너도 처음에는 이렇게 시작했잖아?"

다솜이가 은근히 놀리자 화가 난 바비가 화를 냈다. 엄마도 한마디 했다.

"얘, 다솜아. 조금 먼저 배웠다고 너무 으스대면 못 쓴다. 개구리가 올챙이적 생각 못한다고 그러면 안 돼."

"아무튼 지금은 제가 더 잘하잖아요? 열심히 해보시라고요."

다솜이가 비웃듯이 한마디 던지고 가버렸다.

"다솜이가 저렇게 못됐다고요. 그래서 애들이 싫어한다니까요."

"잘난 척 하게 내버려 두고 우리가 열심히 하면 돼. 한 달 먼저 배웠다니까 우리가 다솜이보다 열심히 해서 따라잡자."

"좋아요, 엄마. 그때 다솜이가 뭐라고 하는지 두고 볼래요."

(2) 자세

바비와 엄마는 집에 돌아와서도 아빠의 도움을 받아가며 부지런히 연습했다. 골프채를 놓았다가 코치 선생님이 가르쳐 주었던 대로 골프채를 잡고 시계추가 움직이듯 흔들어 보고, 또 다시 해보고, 되풀이해서 끊임없이 연습했다.

"골프채를 시계추처럼 흔든다고 해서 손목만 움직이면 안 되는 거야. 자, 아빠를 따라서 해봐. 먼저 두 발을 어깨 넓이로 벌려."

"벌렸어요."

"그 다음 골프채를 바닥에 대고 그립을 잡아봐."

"인터로킹그립으로 쥐었어요."

"자, 그럼 골프채를 잡은 두 손과 양쪽 어깨가 삼각형이 되지?"

"맞아요. 직삼각형이에요."

"그 다음 두 팔을 구부리지 말고, 어깨도 움직이지 말고 허리를 오른쪽으로 약간 돌렸다가 다시 왼쪽으로 돌려봐."

"아, 무슨 말씀인지 알았어요. 삼각형을 무너뜨리지 말라는 거죠?"

"그렇지. 바로 그거야. 삼각형을 유지하면서 허리를 움직이는 거야."

"호호, 재미있는데요."

"지금 그 자세로 반복해서 연습을 해봐."

바비와 엄마는 점점 재미를 느꼈다. 골프채를 손목으로 휘두르는 것이 아니라 허리를 이용해서 스윙해야 한다는 것도 알게 되었다.

"좋아요. 집에서 연습을 많이 했군요."

다음날, 레슨코치 선생님은 바비와 엄마가 그립을 편안하게 잡고 시계추처럼 흔드는 모습을 보고 매우 만족스러워했다.

"자, 그럼 이번에는 타석에 서서 골프채로 공을 맞추는 연습을 해보겠습니다."

공을 치는 타석에 들어서니 바비는 왠지 가슴이 떨렸다. 이제 정말 골프 연습을 하는 것 같았다. 그러나 선생님은 공을 치기에 앞서 또다시 몇 가지 주의해야 할 점들을 설명해 주었다.

"내 얘기 잘 들으면서 따라서 해보세요. 먼저 두 발을 어깨 넓이로 벌리고 선다. 다음 골프채를 바닥에 대고 그립을 잡는다.

좋아요. 그러면 자세가 어떻게 되나요?"

"허리가 약간 앞쪽으로 숙여져요."

"네, 맞습니다. 허리를 앞으로 약간 숙이게 되죠? 그 다음 엉덩이를 조금 낮춰 보세요. 어떻게 되나요?"

"무릎이 조금 구부러져요."

"그렇죠? 지금 그런 자세가 마치 말을 타고 있는 자세와 비슷하다고 해서 기마 자세라고 합니다. 무릎을 너무 많이 구부리면 골프채를 제대로 휘두를 수가 없고, 너무 구부리지 않고 거의 똑바로 서면 바닥에 놓여 있는 공을 맞추기 힘듭니다. 한번 골프채로 공을 맞춰 보세요. 자, 이렇게."

레슨코치 선생님의 지시에 따라 기마 자세를 취하고 바닥에 놓여 있는 공을 골프채로 맞춰 보았다. 역시 기마 자세가 적당해야 공을 똑바로 맞출 수 있었다.

"좋습니다. 그 다음 양쪽 어깨와 그립을 잡은 두 손이 삼각형을 이루어야 합니다. 이 삼각형 모양을 무너뜨리지 않고 골프채를 움직여야 하거든요. 그러자면 골프채를 잡은 양팔이 구부러지지 않아야 하고, 또 손목이 꺾어져서는 안 되겠죠?"

"네, 어제 아빠가 가르쳐 주셨어요."

"아, 그래요? 어쩐지 자세와 그립이 어느 정도 안정돼 있습니다. 그 다음 주의할 것은 삼각형을 유지하기 위해서 어깨에 힘이 들어가면 공이 멀리가지 않거든요. 어깨에 힘을 빼고 골프채를 움직여야 합니다. 자, 어깨에 힘을 빼고 부드럽게 골프채를 움직여 공을 맞춰 보세요."

선생님의 지시에 따라 공을 쳐보자, 공이 부드럽게 맞으며 제법 멀리 똑바로 날아갔다.

"자, 이제 마지막으로 한 가지만 더 말씀드리겠습니다. 골프채를 움직여 공을 맞출 때 머리가 흔들리거나 몸이 흔들리면 안 됩니다. 그러면 공을 똑바로 맞추기 어렵고 공이 날아가는 방향도 엉망이 됩니다. 즉 몸의 중심축이 흔들리지 말아야 한다는 겁니다. 머리부터 몸의 한가운데 중심이 되는 기둥이 있다고 생각하세요. 중심축이 흔들리지 않고 골프채를 오른쪽으로 들어 올리려면 어떻게 해야 하나요?"

"머리와 몸은 그대로 있고 허리가 돌아가야 돼요."

"네, 잘 아는군요."

"그것도 어제 아빠가 가르쳐 주셨어요."

"아빠가 아주 중요한 것을 가르쳐 주신 겁니다. 두 눈의 시선은 바닥에 놓여있는 골프공에서 떼지 말고 허리만 오른쪽으로 약간 돌려 보세요."

정말 아빠가 가르쳐 준 것이 많은 도움이 되었다. 바비와 엄마는 어젯밤에 아빠가 가르쳐 준 대로 많은 연습을 했기 때문에 어렵지 않게 선생님의 지시에 따를 수가 있었다.

"네, 아주 좋습니다. 몸이 흔들리지 않고 중심축을 유지하려면 약간 구부린 뒤 무릎을 안쪽으로 조금 오므리고 종아리에 약간 힘을 주어 보세요. 이제부터 공을 치는 연습을 할 텐데요. 지금 두 분이 손에 들고 있는 골프채는 뭐죠?"

"아이언 7번이요."

"여기 헤드 밑바닥에 7이라는 숫자가 쓰여 있어요."

"맞습니다. 골프 클럽은 우든 클럽이든 아이언 클럽이든 번호가 붙어 있습니다. 이 번호는 뭐죠?"

"번호가 낮을수록 로프트, 즉 각도가 작고, 번호가 높을수록 각도도 큽니다. 또 번호가 낮을수록 샤프트의 길이가 길고 높을수록 샤프트가 짧습니다."

엄마가 대답했다.

"또?"

"각도가 작을수록 공이 낮게 멀리 날아가고, 각도가 클수록 거리는 짧아지지만 공을 높이 띄울 수 있어요."

"허허, 바비도 용어집을 보고 공부를 많이 했구나? 지금 손에 들고 있는 아이언 7번은 공이 떠오르는 높이나 날아가는 거리가 골프 클럽들 가운데서 중간 정도입니다. 그래서 처음 골프를 배울 때 대부분이 아이언 7번으로 스윙을 연습하게 됩니다."

"골프채의 각도는 어떻게 알아요? 선생님."

"이 골프채를 보면 헤드가 똑바로 되어 있는 것이 아니라, 약간 기울어 있죠? 번호가 높을수록 헤드가 더 많이 기울어 있어요. 그리고 이 헤드의 공이 맞는 부분을 뭐라고 하죠?"

"페이스요."

"그렇습니다. 페이스에는 이렇게 줄을 쳐놓은 것처럼 홈이 파여 있는데, 그 한가운데 공이 맞아야 합니다. 자, 그럼 골프채

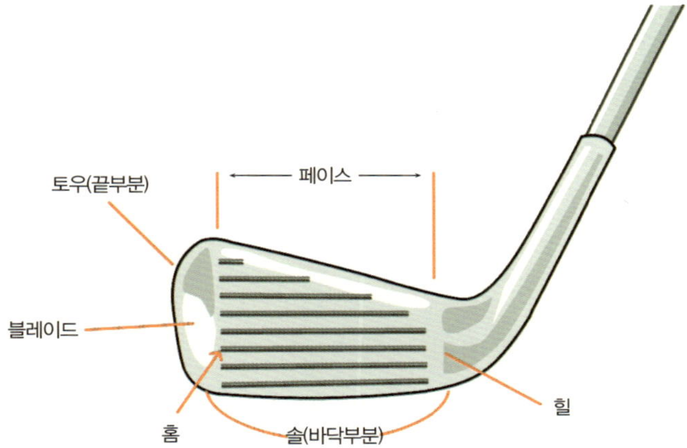

아이언 7번의 헤드

로 공을 치는 연습을 하겠는데요. 골프채를 너무 많이 움직이지 말고 꼭 시계추가 움직이는 것만큼만 움직이며 공을 쳐보세요. 며칠 동안 이 연습만 할 겁니다. 제가 설명한 주의 사항들 잊지 말고 연습해 보세요."

바비와 엄마는 아주 진지한 태도로 열심히 연습했다. 오늘도 어김없이 다솜이가 슬그머니 다가왔다.

"흥, 아직 골프 유치원생이구나. 틀림없이 나만큼 칠 수 있게 되기 전에 힘들고 지쳐서 그만둘 걸. 어디 두고 볼까?"

다솜이가 한마디 던지고 지나갔다. 바비는 못들은 척 하면서 마음속으로 반드시 다솜이를 따라잡겠다고 결심했다. 그래서 더욱 열심히 연습했다. 레슨코치 선생님이 다시 그들의 연습을 지켜보며 끊임없이 잘못을 지적해 주었다.

"어깨에 힘 빼고, 머리 움직이지 말라고 했지? 공이 클럽에 맞고 날아가기 시작할 때까지 공에서 눈을 떼지 말란 말이야! 그래야 머리가 안 움직이잖아? 몸이 흔들리지 않고 허리만 돌리려면 두 무릎을 약간 안쪽으로 오므리라고 했지?"

레슨코치 선생님은 친절하면서도 연습에는 엄격했다. 바비와 엄마의 이마에서 구슬땀이 흘렀다. 엄마는 허리가 아프다며 잠시 쉬었지만 바비는 이를 악물고 잠시도 쉬지 않고 연습했다.

바비는 빨리 다솜이를 따라잡고 싶었다.

아이언 클럽 7번으로 페이스에 공을 똑바로 맞춰 치기, 그립과 두 팔의 삼각형 유지하기, 머리와 몸을 움직이지 않고 허리만 움직여 시계추처럼 공을 치기 등의 연습은 여러 날 동안 계속되었다.

(3) 스탠스

며칠 동안 똑같은 연습을 되풀이해서 시키던 레슨코치 선생님이 다음 단계를 설명했다.

"지금 공을 치고 있는 클럽이 뭐죠?"

"아이언 7번이요."

"두 발을 어떻게 했죠?"

"어깨 넓이만큼 벌리라고 하셨어요."

"지금 골프공은 어디에 놓여 있죠?"

"두 발 한가운데요."

"네, 좋아요. 아이언 7번 클럽이 모든 클럽 가운데 중간쯤 된다고 했죠? 중간쯤 된다는 게 뭐죠?"

"골프채의 샤프트 길이도 중간이고, 헤드의 각도도 중간이라는 겁니다."

바비 엄마가 대답했다.

"네, 맞습니다. 제가 왜 이런 질문을 하느냐 하면, 클럽에 따라서 두 발의 위치와 공을 놓는 위치가 달라지기 때문입니다."

"어머, 그래요? 저는 두 발의 위치는 어깨 넓이, 공은 두 발 사이의 가운데 놓으면 되는 줄 알았는데."

"허허, 그렇지 않습니다. 우선 두 발을 벌리는 간격을 스탠스라고 합니다. 골프에서 스탠스는 대단히 중요합니다. 스탠스가 잘못되면 골프채를 제대로 휘두르기 어려울 뿐 아니라, 공이 원하는 방향으로 똑바로 날아가지 않고 빗맞게 됩니다."

"아, 그렇구나."

"두 발의 간격이 좁으면 허리를 돌리기는 쉽지만 몸이 흔들려 공을 똑바로 맞추기가 어렵고, 간격이 너무 넓으면 허리를 돌리기 어려워 스윙을 제대로 할 수 없어요. 자, 보세요."

선생님이 시범을 보여주었다. 역시 선생님 말씀이 맞았다.

"그럼 어떡해야 하죠?"

"스탠스에도 여러 가지 방법이 있습니다. 하지만 가장 기본적인 스탠스는 '스퀘어스탠스'라는 건데요. 자, 제 발을 잘 보세요. 먼저 두 발의 간격을 어깨 넓이만큼 잡고, 공을 날려 보낼 방향과 일직선이 되게 놓습니다. 다음 왼발을 공을 날려 보낼 방향으로 약 20도 정도 벌립니다. 그리고 오른발도 그만큼 바깥쪽으로 벌립니다. 한번 해보세요."

"그러니까 두 발을 나란히 놓은 다음, 팔자걸음을 걷는 것처럼 바깥쪽으로 약간 벌리라는 말씀이죠?"

"맞아요. 이런 스탠스가 스퀘어스탠스입니다. 아이언 7번을 기준으로 할 때 그렇게 서서 공을 두 발의 가운데에 놓으면 됩니다. 자, 스퀘어스탠스로 서서 공을 한번 쳐보세요."

바비와 엄마는 선생님이 가르쳐 준 대로 스탠스를 잡고 공을 쳐봤다. 지금까지 연습해 온 것이기 때문에 그다지 어렵지 않았다. 공도 잘 맞고 똑바로 날아갔다. 선생님이 다시 설명을 계속했다.

"자, 이제 공을 놓는 위치를 살펴볼까요? 아이언 클럽 7번으로 칠 때 공을 두 발 간격의 한가운데 놓인다고 했죠? 물론 공을 치는 방향으로 나란히 선 두 발보다는 공이 앞에 있겠지만 한가운데 공을 놓게 되죠?"

"네, 두 발과 공이 거의 삼각형을 이루어요."

"맞습니다. 그것을 기준으로 해서, 샤프트가 긴 클럽일수록 공을 조금씩 왼쪽으로 놓아야 합니다."

"그러니까 왼발 가까이 공을 놓으라는 말씀이죠?"

"그렇습니다. 클럽의 번호가 낮을수록 샤프트의 길이는 길죠?"

"네, 우드 클럽들이 가장 길고 아이언도 7번보다는 6번이 길고, 6번보다는 5번이 길어요."

"네, 맞습니다. 샤프트가 길면 그만큼 뒤로 물러서서 쳐야해요. 그리고 공은 조금씩 왼쪽으로 놓아야 합니다. 반대로 샤프트의 길이가 짧은 아이언 클럽 8번, 9번이나 샌드웨지, 피칭웨

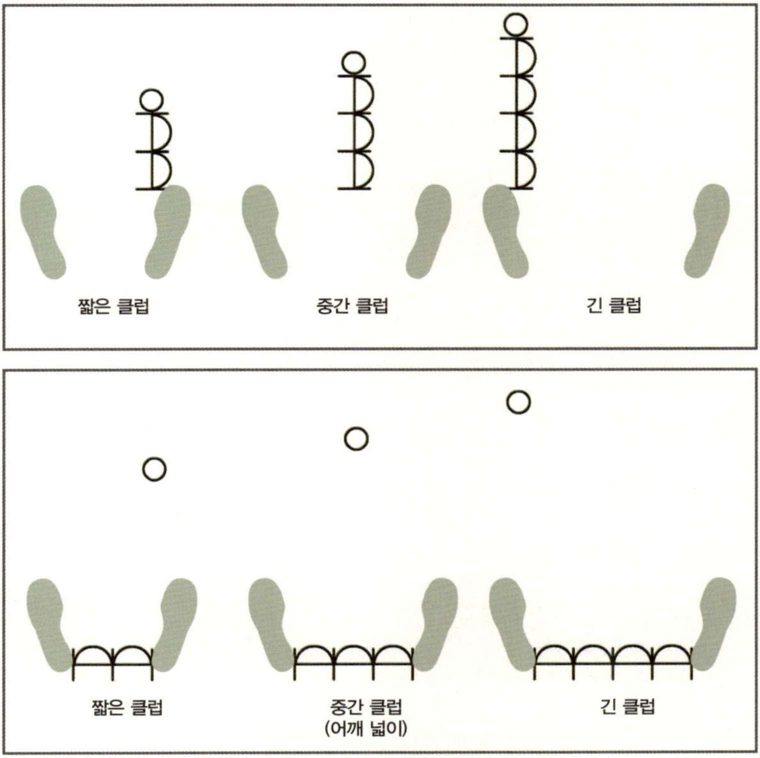

샤프트의 길이에 따른 공의 위치

지 같은 클럽은 조금씩 오른쪽에 놓아야 합니다."

"그렇게 해야 공이 똑바로 맞는군요?"

"맞아요. 또 클럽의 번호가 높을수록 스윙을 작게 하게 되거든요. 샤프트의 길이가 짧을수록 각도가 크기 때문에 날아가는 거리보다 공을 정확하게 띄어 올리는 게 목표니까요."

(4) 어드레스

"바비야."

"네, 아빠."

"당신도 이리와 봐요."

"왜 그러세요?"

일요일이었다. 아빠는 바비와 엄마를 부르더니, 그동안 골프 연습장에서 배운 것을 설명해 보라고 했다. 엄마와 바비는 아빠 앞에서 골프채를 가지고 직접 동작을 보여 주기까지 하면서 두 주일 동안 열심히 배우고 연습한 것을 빠짐없이 설명했다.

"으음, 열심히 했구나. 아빠가 보기엔 엄마보다 바비가 폼이 더 부드러운데."

브라보도 방에서 나와 끼어들었다.

"호호, 내가 엄마보다 더 잘하지? 오빠."

"그래, 네가 더 잘한다."

아빠는 웃으며 엄마에게 말했다.

"허허, 당신 분발해야겠는데?"

"아마 나이 때문인가 봐요. 몸이 굳어서 그런지, 힘을 빼고 부드럽게 치려고 해도 자꾸 딱딱해져요."

"당신이 오랫동안 운동을 안 해서 그런 거요. 그리고 어른보다 아이들 몸이 더 유연하니까 당연히 아이들이 더 빨리 배우거든. 그러니 걱정 말아요."

"그런가 봐요. 더욱 열심히 할 거예요. 골프가 배울수록 재미있어요."

"다행이군. 오늘은 내가 좀 도와주지. 이제부터 내 얘기 잘 들어."

"알았어요. 아빠."

"바비하고 당신이 지금까지 배운 그립, 자세, 스탠스, 이것을 모두 합쳐서 한마디로 어드레스라고 하거든."

"어드레스?"

"그래. 말하자면 골프채를 들고 공을 치기 전의 모든 동작을 어드레스라고 하는 거야."

"아, 생각났어요. 골프 용어에도 나와 있어요."

"골프에서는 단계를 건너뛰는 비약이 있을 수 없어. 한 단계, 한 단계 완전히 익혀야 다음 단계로 갈 수 있단 말이야. 또 새로운 단계가 잘 안 되면 그 앞 단계로 다시 돌아와서 연습을 해야 돼."

"아빠 말씀이 맞아요. 어디서 들었는데, 골프 황제 타이거 우즈도 요즘 성적이 나빠지자 처음의 자세부터 다시 연습한다는데요."

브라보가 어떻게 알았는지 끼어들어 참견했다.

"자식, 어디서 주워듣기는. 하긴 브라보 말이 맞아. 타이거 우즈가 성적이 자꾸 떨어지자 첫 단계부터 다시 연습하고 있다는 소식, 아빠도 신문에서 봤거든. 그게 바로 어드레스야. 어드레스부터 다시 점검하고 연습해보고 있다는 거야."

"어드레스가 골프의 첫 단계인 셈이죠?"

"그렇지. 골프의 첫 단계이자, 공을 치려고 스윙을 시작하는 첫 단계야."

"결론은 어드레스가 대단히 중요하다는 아빠의 말씀!"

"첫 단추를 잘 끼워야 나머지 단추도 구멍이 잘 맞는다는 말씀이죠?"

"그래, 이 녀석들아."

"브라보, 너 까불지 말고 가만히 있어."

"알았어요, 엄마."

"애들 말이 맞기는 맞는 말이야. 어드레스가 잘못되면 절대로 좋은 스윙을 할 수 없거든. 그래서 스윙의 80%는 어드레스가 좌우한다는 말이 있지."

"저희가 레슨코치 선생님에게 배운 것이 잘못됐나요? 아빠."

"그게 아니라, 지금까지 그립, 자세, 어드레스 이렇게 한 가지씩 나누어서 배우고 연습했잖아? 그래서 아빠가 선생님께 배운 것들을 합치고 연결시켜서 어드레스를 완성시켜 주려는 거야. 알겠어?"

"아빠 말씀 잘 들어!"

"어휴, 오빠는 참견 말고 제발 방으로 들어가!"

"저 녀석한테 신경 쓰지 말고 내 얘기 잘 들어라. 자, 당신하고 바비, 어드레스 자세를 취해 봐."

바비와 엄마는 지금까지 레슨코치 선생님의 지도에 따라 연습해 온 대로 어드레스 자세를 취했다.

"아주 좋아. 하지만 아직 선생님이 가르쳐 주시지 않은 것들이 많이 남아있거든."

아빠는 어드레스에서 잊지 말아야 할 여러 가지 사항들을 하나, 하나 열심히 지적해 주었다. 생각보다 스스로 연습을 통해 익혀야 할 사항들이 많았다. 바비는 꼭 기억해 두려고 그것들을 노트에 적어 놓았다. 아빠가 설명해준 것들은 대략 다음과 같은 것들이었다.

어드레스에서 꼭 알아두어야 할 사항들

• 두 손으로 쥐고 있는 골프채 그립의 끝과 몸배 분분 사이에 주먹 한 개가 들어갈 만큼 여유가 있게 한다.

• 그립을 너무 꼭 쥐면 안 된다. 스윙은 왼손이 주도하기 때문에 왼손 손가락에 약 60~70%의 힘을 주어 잡는다. 오른손을 왼손을 돕는 역할을 하므로 힘을 주지 않아도 괜찮다.

• 무릎을 약간 굽히고 무릎을 조금 안쪽으로 좁혀 몸이 흔들리지 않도록 적당히 힘을 준다.

• 무릎을 약간 굽혔지만 허리는 꼿꼿해야 한다. 노인들처럼 꾸부정하게 굽히면 안 된다.

• 체중은 몸의 중앙에 있도록 한다. 그리고 두 발의 엄지발가락 안쪽에 힘을 준다. 그렇게 해야 체중을 지탱하기가 쉽다.

• 두 팔과 그립이 삼각형을 유지하되, 두 손의 팔꿈치가 자연스럽게 허리에 닿도록 한다. 오른손은 스윙을 하더라도 허리에서 떨어지지 않아야 한다.

• 두 팔과 그립이 삼각형을 유지하지만, 왼손은 곧게 뻗고 오른손은 팔꿈치를 약간 구부리게 된다. 그 때문에 오른쪽 어깨가 약간 내려가는 것이 정상이다.

• 왼손 손잔등이 공이 날아가야 할 방향과 일치해야 한다. 또한 손목에 힘이 들어가지 않도록 조심한다.

• 머리는 고개를 돌리거나 어느 한쪽으로 기울면 안 된다. 마치 정면을 바라보는 것처럼 몸의 한가운데 똑바로 있어야 하며, 턱을 끌어당

겨 거의 목에 붙도록 한다. 턱이 앞으로 나오면 안 된다.

• 몸과 팔이 편안하게 느껴지도록 힘을 빼야 한다. 힘이 들어가면 몸이 굳어져 허리를 부드럽게 돌릴 수 없기 때문에 올바른 스윙을 할 수 없다.

• 공을 치기 전에 몇 차례 왜글을 해본다. '왜글'이란 골프채의 헤드를 흔들어 보는 것이다. 왜글을 하면 근육이 굳어있는 것을 풀고 공을 때리는데 집중하게 된다. 아울러 공을 빗맞히는 실수를 줄일 수 있다.

• 두 눈은 바닥에 놓여있는 치고자 하는 공의 뒷부분을 보면서 공이 헤드에 맞고 날아가기 시작할 때까지 떼지 않는다.

어드레스의 자세

두려워하지 말라

"어머, 어드레스에서 주의해야 할 점들이 이렇게 많아요?"

"어휴, 이걸 어떻게 모두 기억하지?"

바비와 엄마는 어드레스 자세가 그렇게 까다로울 줄은 미처 몰랐다. 그걸 모두 어떻게 기억하면서 공을 쳐야 하는지 걱정이 앞섰다. 그러나 아빠는 빙그레 웃으면서 태연하게 말했다.

"우리나라 프로 야구 롯데 자이언트 팀의 로이스터라는 외국인 감독은 선수들에게 '두려워하지 말라'는 구호를 내세웠거든."

"네, 알아요. 선수들에게 자신감을 심어준 거예요. 그 구호를 마음속에 새기면서 선수들은 자신 있게 적극적으로 경기에 나

셨고, 결과적으로 아주 좋은 성적을 거두게 됐다고요."

옆에 있던 브라보가 잘 안다는 듯이 한바탕 설명을 늘어놓았다.

"그래, 브라보 말이 맞아. 어드레스 자세가 너무 까다롭다고 두려워할 것은 없는 거야."

"하지만 걱정되는 것은 사실이에요."

"왜 두려워할 필요가 없느냐 하면, 그 여러 가지 유의할 점들을 하나, 하나 기억하면서 어드레스 자세를 하는 것은 아니기 때문이야. 많은 연습을 통해서 자연스럽게 이루어지는 거야."

"그러니까 연습을 많이 해야 한다, 이런 말씀인가요?"

"그렇지. 골프는 연습 또 연습이야. 아무리 골프 초보자라도 선생님의 지시에 잘 따르면 어느 정도 어드레스 자세를 갖추게 되거든. 그 다음 역시 연습을 통해서 잘못된 부분을 하나씩 고쳐 나가면, 자연스럽게 저절로 좋은 어드레스를 하게 돼."

"따라서 미리 겁먹을 필요는 없다, 이런 말씀?"

"당연한 말씀!"

"아빠."

"왜?"

"그래도 어드레스 자세에서 꼭 조심해야 할 점이 있다면 뭘까요?"

"음, 좋은 질문이야. 어드레스가 제대로 되면 그 다음은 골프채를 휘두르는 스윙이거든."

"네, 맞아요."

"스윙을 할 때, 누구나 공을 멀리 날려 보내고 싶은 욕심을 갖지."

"그럼요."

"그 때문에 자기도 모르게 온몸과 팔에 힘이 들어가거든. 그렇지만 힘이 들어갈수록 근육이 굳어져서 오히려 공은 멀리 날아가지 않아."

"힘을 빼는 것이 가장 중요하다는 거군요?"

"그렇지. 두 팔도 삼각형을 유지하기 위해서 너무 곧게 뻗으려고 하면 어깨에 힘이 들어가게 돼. 이미 얘기했지만 왼팔은 힘을 빼고 곧게 뻗되, 오른팔은 약간 구부리는 게 좋아."

"역시 힘을 빼라는 말씀!"

"힘을 빼야 할 곳이 또 있어."

"힘 다 뺐는데 또 어디 힘을 빼요?"

"엉덩이의 힘도 빼야 돼."

"엉덩이요?"

"그래, 어드레스 자세에서 머리나 몸이 흔들리면 안 된다고 했지?"

"네."

"몸을 흔들리지 않게 고정시키려면 체중을 어디에 두라고 했지?"

"몸의 중앙에 두고 두 발 엄지발가락 안쪽에 힘을 주라고 하셨어요."

"체중을 몸의 중심에 두려다 보니까 자기도 모르게 엉덩이에 힘이 들어가는 거야."

"어머, 정말 그렇구나."

"그래서 엉덩이의 힘도 빼야 돼. 엉덩이는 그저 허리를 받쳐 준다는 느낌만 있으면 되는 거야."

"역시 어드레스 자세에서 가장 중요한 것은 되도록 힘을 빼고 자연스러운 자세여야 한다는 거군요?"

엄마가 한마디로 정리를 했다.

"그렇지. 그것만 잊지 말고, 어드레스에 들어가기 전에 기억하고 있으면 돼."

바비와 엄마는 점심 때가 된 것도 잊고 아빠가 가르쳐 준 대로 부지런히 어드레스 자세를 연습했다. 레슨코치 선생님을 놀라게 하고 싶었다. 바비는 여전히 마음속에 하루빨리 다솜이를 앞서고 싶은 생각이 가득했다.

잠깐만

골프는 정신력이 좌우한다

“골프는 실력도 중요하지만 정신력이 가장 중요하다. 골프는 ‘멘탈정신력게임이다.”

골프 실력이 어느 정도 수준에 올라있는 사람이라면 누구나 하는 말이다. 짐 플릭이라는 유명한 골프 이론가도 말했다.

“골프의 90%가 정신 게임이고 나머지 10%도 정신 게임이다.”

결국 골프는 100%가 정신이 좌우하는 게임이라는 얘기다.

프로 골프 선수들도 정신이 흔들리면 게임에 집중이 안 돼 자칫 경기를 망치는 경우가 아주 많다. 실력으로 말하자면 세계 최고라고 할 수 있는 타이거 우즈도 최근 사생활 문제로 정신이 흔들려 좋은 성적을 내지 못하고 있다.

특히 타이거 우즈는 정신력이 떨어지자 스윙이 제대로 안 될 뿐 아니라 기본 자세까지 무너져 어드레스 자세에서 ‘헤드 업’ 즉 머리가 흔들렸다. 따라서 우즈는 부끄러움을 무릅쓰고 기본 자세부터 다시 연습을 시작했다.

타이거 우즈는 스스로 말하기도 했다.

“스윙할 때 머리가 많이 움직이는 것을 바로 잡으려고 노력하는 중이다.”

사실 골프는 혼자서 하는 경기지만, 필드에 나가게 되면 보통 네 사람이 한 조가 되어 동반 라운딩을 하게 된다. 동반 플레이어 가운데 자기보다 훨씬 잘 치는 사람이 있으면 공연히 위축되고 주눅이 들기 마련이다. 그러나 그럴수록 정신력이 흔들려 오히려 더욱 잘못 치게 된다.

골프는 자기 자신에게 충실해야 한다. 누가 시켜서 하는 것이 아니라, 자기 스스로 끊임없이 연습하고 공을 칠 때마다 정신을 집중해야 한다. 그러다 보면 자기도 놀랄 정도로 실력이 부쩍 늘어난다.

옆에 자기보다 잘 치는 사람이 있다고 해서 부끄러워하거나 위축될 필요가 없다. 어떻게 보면 골프는 오직 자기 자신과의 게임이다. 그렇기 때문에 골프는 정신력과 집중력을 키우는 데 다른 어떤 스포츠보다도 효과적이다.

브라보 치킨
숙성 수제 치킨
골프 연습이
너무 힘들어요.
맞아요. 팔, 다리, 어깨,
허리, 안 아픈 데가
없어요.
박세리 선수는
얼마나 힘든 훈련을
했는지 알아?
하루도 빠짐없이
수백 개의 계단을
오르내리며 다리의
근육을 단련시켰고,
깊은 밤중에 으스스한
공동묘지를 혼자 걸으며
담력을 키웠어.
맞아요.
그래서 US 오픈에서
우승할 수 있었다고요.

박세리 선수는 실력도 뛰어났지만 강한 정신력으로 우승할 수 있었어요.
그래서, 우리도 그렇게 훈련하란 말이냐?
휙
이왕 골프를 시작했으면 확실하게 하시라고요.
엄마, 우리도 달리기부터 하자고요.
매일 밤 따라다녀야 해요?
바비와 엄마를 보호해야지. 아이구, 다리야!
좋아, 살도 뺄 겸 잘됐다.
여보, 일어나서 아침 준비해야지? 아이들 학교 늦겠어.
너무 피곤해요. 10분만 더 잘게요

Z Z Z
바비!
네! 선생님!
벌떡
까르르
쿡쿡쿡
어젯밤에
잠 안 자고 뭐했지?
정신 차리겠습니다!
밤새도록
컴퓨터 게임을
했나봐요!
쿡쿡쿡
하하하

Z
Z
Z
흥! 저렇게 연습을 게을리해서 어떻게 나를 따라와?
먼저 체조로 몸을 풀어주고 연습하세요.
안되겠다. 오늘밤부터 달리기 연습을 30분으로 줄이자.
너무 무리했나 봐요, 엄마.
아휴, 허리야!
우드득
무리 할 수밖에 없어. 다솜이를 따라잡으려면 어쩔 수 없어.
타앗

파스를 붙이니까 좀 낫구나.
나도 붙여줘.
골프는 평소에 안 쓰던 근육을 많이 사용하기 때문에 갑자기 무리하면 근육통이 나타나기 쉽거든.
한꺼번에 연습을 너무 많이 하려고 하지 말고, 조금씩이라도 매일같이 꾸준히 연습하는 것이 중요해.
아빠, 뭘 보시려는 거예요?
응, 내가 비디오테이프를 구해왔거든.
골프의 기본 기술
봄수록 만만한 골프
12월24일
어머, 저걸 보면 많이 도움이 되겠다.
역시 우리 아빠가 최고야!

유명한 프로 선수들이 스윙을 연습하는 테이프거든. 이런 테이프를 보는 것도 큰 도움이 된단 말이야.
저건 타이거 우즈 선수군요.
타이거 우즈 스윙
쿨쿨
어어? 엄마하고 바비가 또 졸아요, 아빠.
바비야!
벌떡
우리 졸지 않았어요.
눈감고 머릿속으로 스윙을 생각하고 있었다고요.

하이마트
하이마트

3

스윙, 샷, 퍼팅

다솜이를 따라 잡다

바비와 엄마가 골프를 배우기 시작한 지도 어느덧 한 달 가까이 지나갔다. 골프 연습장에서 심술쟁이 다솜이와 부딪칠 때면 여전히 다가와서 놀려댔지만, 바비가 하루가 다르게 실력이 늘자 은근히 놀라는 눈치였다.

반드시 다솜이를 앞지르겠다고 정말 열심히 연습한 덕분이었다. 아빠가 기회가 있을 때마다 잘못을 지적해 주고 부족한 점을 가르쳐 준 것도 큰 도움이 되었다. 레슨코치 선생님도 크게 기뻐하며 하루가 다르게 발전하는 바비와 엄마를 격려했다.

“허허, 실력이 늘어나는 속도가 아주 빠릅니다. 누구보다 열심히 연습한 성과가 나타나는 것 같습니다. 어드레스는 그만하면 됐습니다. 물론 꾸준히 연습해서 자세가 무너지지 않도록 해야겠죠."

"고맙습니다, 선생님."

"자, 그럼 이제부터는 본격적으로 스윙을 연습해 보도록 합시다. 지금까지 연습을 통해서 잘 아시겠지만, 사실 골프는 아주 간단하고 단순한 스포츠입니다. 다른 사람과 몸을 부딪치며 격렬하게 다툴 일도 없고, 자기 혼자서 골프채로 공을 쳐서 멀리 날려 보내고 홀컵에 가까이 다가가서 컵에다가 공을 집어넣기만 하면 되잖아요?"

"네, 맞아요. 선생님 말씀대로 아주 단순한 운동인데, 생각보다 어려운 부분들이 아주 많은 것 같아요. 어드레스도 쉽지 않고, 스윙도 어렵겠죠?"

바비엄마가 이마의 땀을 닦으며 말했다.

"그렇습니다. 골프는 스윙이 매우 중요해요. 골프채로 공을 치는 것이 바로 스윙이니까요. 쉽게 말하면 골프채를 휘두르는 것이 스윙입니다."

"저쪽에서 연습하는 분들을 보면 스윙을 아주 쉽게 하는 것 같아요."

"허허, 오랜 연습을 통해서 그렇게 된 겁니다. 하지만 너무 겁먹을 필요는 없어요. 어드레스가 잘되면 스윙도 잘되니까요."

“엄마하고 저하고 어드레스는 잘되죠? 선생님.”

“그렇다. 크게 흠잡을 데가 없다.”

“빨리 스윙하는 법을 가르쳐 주세요.”

“얼핏 보면 골프채를 마구 휘두르는 것 같지만 스윙에도 여러 단계가 있습니다. 그것을 단계별로 익혀나가서 좋은 스윙을 완성해야 합니다.”

“단계가 아주 많은가요?”

“자, 한 가지씩 해봅시다.”

바비는 이제 다솜이를 거의 따라 잡았다는 생각에 더욱 눈을 반짝이며 레슨코치 선생님의 설명에 집중했다.

너무 무리했어

스윙

(1) 테이크백

"자, 바비하고 어머님, 어드레스 자세를 해보세요."

선생님이 지시하자 바비와 엄마는 자신 있게 어드레스 자세를 취했다.

"좋습니다. 어드레스 자세에서 스윙으로 가는 첫 단계를 테이크백 또는 테이크어웨이라고 합니다. 즉 공에 바짝 가까이 대고 있는 골프채의 헤드를 오른쪽으로 움직이기 시작하는 동작을 말합니다. 물론 오른손잡이를 기준으로 말씀드리는 거죠. 자, 한번 해보세요. 골프채의 헤드가 허리 높이까지 오도록 움직여 보세요. 거기 까지를 테이크백이라고 하는 겁니다."

바비와 엄마는 골프채의 헤드를 오른쪽으로 허리 높이까지 치켜 올렸다. 긴장된 탓인지 골프채를 꽉 쥐게 되고 힘이 들어갔다.

"몸에 힘을 빼세요. 팔에도 힘이 들어갔어요. 다시 해보세요."

몸과 팔에 힘을 빼고 몇 차례 허리 높이만큼 골프채를 들어 보았다.

"네, 좋습니다. 이것이 테이크백인데, 여기에 몇 가지 주의할 점이 있습니다. 첫째, 스탠스를 잡고 있는 두 발의 앞부분을 연결해서 선을 그었다고 가정합시다. 헤드를 움직이기 시작할 때, 그 선과 평행선이 되도록 똑바로 움직여야 합니다. 자, 내가 하

는 것을 보세요.”

“둘째, 될 수 있는 대로 낮고 길게 끌고 가야 합니다. 적어도 30센티미터 정도를 천천히 낮게 헤드를 끌고 가는 겁니다.”

“왜 그렇게 하는 거죠?”

“천천히 낮게 30센티미터쯤 끌고 가는 이유가 있겠죠?”

“물론이죠. 스윙은 결국 하나의 둥근 원을 만들게 되는데요. 원이 작으면 공이 멀리 갈 수가 없죠? 원의 괘도가 커야 헤드에 맞고 날아가는 공이 멀리 가지 않겠습니까? 골프채를 곧바로 들어 올리면 큰 원을 만들 수가 없거든요.”

“아, 그래서 스윙하는 원의 괘도를 크게 만들려고 오른쪽으로 30센티미터쯤 끌고 가는군요.”

“그렇죠. 자기의 곧게 뻗은 왼팔이 바닥과 평행으로 갈 수 있는 데까지 가보도록 해보세요.”

“또 헤드를 천천히 움직이라고 하셨는데요. 그건 왜 그렇죠?”

“헤드를 천천히 이동시켜야 중심축이 되는 몸이 움직이지 않을 뿐 아니라, 헤드도 흔들리지 않아서 공을 똑바로 맞출 수 있기 때문입니다.”

“아, 그렇구나.”

“자, 거기까지 연습을 해보세요. 골프채는 허리 높이까지만

테이크백의 자세

들도록 하세요. 테이크백을 시작할 때 두 눈을 공에서 떼지 말고, 양쪽 어깨와 팔이 만드는 삼각형이 그대로 유지되도록 해야 합니다."

바비와 엄마가 수십 번 테이크백을 연습하고 나자 선생님이 다시 다가왔다.

"좋아요. 테이크백 연습은 앞으로도 계속할 겁니다. 그런데 테이크백을 연습하면서 뭔가 느낀 점이 없나요?"

"느낀 점이요?"

"네, 골프채를 바닥과 평행이 되게 허리 높이까지 들어 올릴 때 뭔가 달라지는 것은 없나요?"

"아, 골프채를 허리 높이까지 들면 삼각형이 무너져요."

"그렇죠. 왼손은 그대로 곧게 뻗을 수 있지만 오른손이 구부러지죠?"

"네, 선생님."

"괜찮습니다. 거기서부터는 오른손이 구부러지는 것이 자연스럽고 정상입니다. 그리고 또 달라지는 게 없을까요?"

"허리가 골프채를 따라서 조금씩 오른쪽으로 돌아가는 것 같아요."

"네, 맞습니다. 테이크백은 스윙을 시작하는 거니까 당연히 허리가 돌아가야 해요. 다만 머리나 몸의 중심축은 흔들리지 않고 허리만 골프채의 움직임을 따라 차츰 돌아가야 하고요. 이것을 허리를 감는다고 합니다."

"야구 선수들도 배팅을 할 때, 공이 날아오는 순간 허리를 감았다가 풀어주며 공을 맞히는 것과 같은가요?"

"잘 봤군요. 그것과 마찬가지입니다. 또 허리를 돌리면서 양쪽 발에 있던 체중이 오른발로 천천히 옮겨지게 됩니다. 야구 선수들이 배팅할 때, 오른손잡이의 경우 왼발을 들어 올리면서 치는 모습을 가끔 볼 수 있죠?"

"네, 그것도 체중이 오른발에 실려 있기 때문이군요?"

"그렇죠. 지금까지 내가 설명한 것이 테이크백의 중요한 요령들이거든요. 이제부터 내가 설명한 것을 생각하면서 골프채로 공을 쳐보세요."

"골프채를 허리 높이까지만 들어 올렸다가 공을 치라는 말씀이죠?"

"그렇습니다. 이미 말씀드렸지만 테이크백 연습은 여러 날 동안 많이 해야 합니다. 그래야 모든 요령들이 익숙해지고 스윙이 자연스러워집니다. 아시겠죠?"

"네, 선생님."

테이크백 연습을 하던 바비가 잠시 화장실에 다녀오다 보니, 마침 한쪽 타석에서 다솜이가 연습을 하고 있었다. 바비는 슬쩍 다솜이가 연습하는 모습을 살펴봤다. 스윙 연습을 하고 있는 것 같았다.

하지만 레슨코치 선생님이 여러 가지 지적을 해주시고 있는 것을 보면 썩 잘하는 것 같지는 않았다.

"머리도 움직이고 몸이 흔들리니까 공을 정확하게 맞추지 못하잖아? 내가 뭐라고 그랬어? 어드레스, 테이크백을 확실하게 익혀야 한다고 얘기했잖아? 테이크백부터 차근차근 다시 연습해봐."

욕심꾸러기인 다솜이는 바비가 골프를 배우는 것을 보고 자기가 훨씬 앞서 가고 있다는 것을 보여주려고 너무 서두르고 있는 것 같았다. 바비는 조금만 더 열심히 연습하면 다솜이를 충분히 따라갈 수 있다는 자신감이 생겼다. 그래서 더욱 부지런히 연습했다.

그런데 문제가 생겼다. 연습을 끝내고 집에 돌아 온 바비는 온몸이 아프기 시작했다. 저녁 준비를 하려고 바비보다 먼저 집에 온 엄마도 무척 힘들어 하는 모습이었다.

"아휴, 팔, 다리, 어깨, 온몸에 안 아픈 곳이 없는 것 같다. 어깨가 아파서 팔을 움직이기도 힘들구나."

"엄마, 저도 그래요. 제대로 걷기도 힘들고 어깨가 아파서 못 견디겠어요."

"우리가 너무 무리를 한 것 같다. 몸살이 나는 모양이야."

바비와 엄마는 정말 이 곳, 저 곳 온몸이 쑤셔서 견디기 힘들었다. 퇴근하고 집에 돌아온 아빠도 걱정했다.

"너무 열심히 했어. 한 달 동안 하루도 빠짐없이 골프 연습을 했으니 몸살이 안 나면 오히려 이상하지."

"더구나 저는 아무런 운동도 하지 않다가 갑자기 무리하게 골프 연습을 했잖아요?"

"오빠는 어디 갔지?"

"내가 약국에 심부름 보냈다."

"잘하셨어요. 약을 좀 먹어야 할 것 같아요."

"대부분의 사람들이 골프를 시작하고 나서 몸살이나 근육통을 앓거든. 골프 연습은 매일같이 해야 하고, 또 골프에 재미가 붙으면 더욱 열심히 연습하기 마련이거든."

"미리 말씀을 좀 해주시죠?"

"허허, 그럴 틈이 없었어요. 당신이나 바비나, 워낙 열심히 연습을 하니까 미처 너무 무리하지 말라는 얘기를 꺼낼 틈이 없었소."

브라보가 아빠의 심부름으로 약을 사가지고 돌아왔다.

"약사 선생님 말씀이 평소에 운동을 안 하다가 갑자기 무리하게 운동을 해서 그렇다고 하셨어요. 또 골프를 하게 되면 평소에 사용하지 않던 근육을 많이 사용하게 되기 때문에 근육통이 오기 쉽다고 하셨어요."

"그렇구나. 정말 평소에는 잘 쓰지 않던 근육을 많이 쓰게 돼. 브라보야, 혹시 파스는 안 사왔니?"

"당연히 사왔죠."

"어깨에 파스를 붙여야겠다."

"엄마, 나도."

바비와 엄마는 양쪽 어깨 근처와 허리 등에 파스를 붙였다.

"파스만 붙여서는 안 될걸. 평소에 잘 사용하지 않던 근육을 갑자기 무리하게 사용하면 근육이 뭉쳐요. 마사지를 해서 좀 풀어줘야 돼."

아빠는 엄마의 어깨를 주물러 주고, 브라보가 바비의 어깨를 주물러 주었다. 브라보가 바비한테 말했다.

"야, 바비야. 며칠 연습을 쉬도록 해. 자칫하면 몸살이 심해지고, 어깨나 팔이 너무 아파서 연습을 하고 싶어도 할 수 없단 말이야."

"싫어. 난 쉬면 안 돼."

"왜?"

"바비는 나보다 더 무리하게 연습을 하고 있단다."

"왜요? 엄마."

"다솜이라는 심술쟁이 친구를 따라잡겠다고 그러는 거야."

"다솜이도 골프 배우냐?"

"나보다 한 달쯤 먼저 시작했나봐. 난 꼭 다솜이를 앞지르고 말거야."

"저도 그 여자애 알아요. 학교에서 소문난 심술쟁이, 말썽꾸러기예요."

"더군다나 바비가 연습하는데 나타나서 자꾸 놀리니까 바비가 화가 난 거야."

말없이 엄마의 어깨를 주무르던 아빠가 말했다.

"어떤 운동이든 경쟁자가 있으면 더 열심히 하게 되지. 오히려 다솜이라는 애가 골프를 먼저 시작한 것을 고맙게 생각해야 돼. 하지만 너무 경쟁자를 의식하면 골프의 기술을 하나하나 착실하게 익히지 못하고 자꾸 앞서가려는 욕심만 생긴단다."

"아빠의 말씀이 맞는 것 같다."

"그리고 골프는 자기 혼자서 하는 운동이고, 혼자서 즐기는 운동이잖아? 자기 실력이 느는 것을 자기 스스로 기뻐하면 되는 거야."

"아빠 말씀이 모두 맞단다. 바비야, 우리 며칠 연습을 쉴까?"

엄마가 바비의 눈치를 살폈다.

"안 돼요, 저는 연습에 빠지지 않을 거예요."

아빠가 다시 말했다.

"모든 운동이 다 그렇지만, 특히 골프는 준비 운동을 충분히 해야 하거든. 평소에 잘 쓰지 않던 근육들을 많이 쓰게 되기 때문이지. 연습을 시작하기 전에 충분한 준비 운동으로 몸을 풀어주고, 근육을 풀어줘야 하지."

"그래야겠어요. 바비야, 우리 연습하기 전에 꼭 준비 운동을 하자."

"알았어요."

(2) 코킹

온몸의 통증과 몸살 때문에 바비와 엄마는 며칠 동안 연습을 제대로 하지 못했다. 엄마는 이틀을 쉬었지만 바비는 하루도 빠지지 않았다. 아빠가 알려준 대로 충분히 준비 운동을 했다. 또 며칠은 연습 시간도 줄였다. 그렇지만 어드레스와 테이크백을 천천히 연습했다. 바비에게는 오히려 복습을 할 수 있는 좋은 기회

가 되었다.

여러 날이 지나고 바비와 엄마가 정상적으로 연습을 할 수 있게 되자, 레슨코치 선생님은 스윙의 다음 단계를 가르쳐 주었다.

"어드레스 자세에서 테이크백을 시작하면서부터 백스윙이라고 합니다. 백스윙이란 골프채를 머리 위까지 들어 올리는 동작 전체를 말하는 겁니다. 자, 지금까지 연습한 대로 어드레스에서 골프채를 허리 높이까지 들어 올려보세요."

"테이크백을 하라는 말씀이죠? 선생님."

"그렇죠. 지금 골프채가 바닥과 수평이 되었죠?"

"네."

"그 상태에서 골프채를 조금 더 들어 올려 보세요. 몸이 어떻게 되죠?"

"허리가 오른쪽으로 더 많이 돌아가요."

"맞습니다. 허리가 점점 오른쪽으로 돌아가게 됩니다. 이때도 주의할 점은 몸의 중심축과 머리가 움직이면 안 됩니다."

"허리만 돌려야 한다는 말씀이죠?"

"물론입니다. 자, 골프채가 허리 높이에서 바닥과 수평이 되어 있는 상태에서 허리를 오른쪽으로 점점 돌리면 어떻게 될까요?"

"손목이 조금씩 꺾어지는 것 같아요."

"그렇죠? 왼손 손목은 안쪽으로, 오른손 손목은 손등 쪽으로 조금씩 꺾어지죠?"

"네."

"이렇게 손목이 구부러지는 현상을 코킹 또는 콕이라고 합니다."

"잘못된 건가요? 선생님."

"아닙니다. 자연스러운 현상입니다. 다만 주의할 점은 코킹이 잘못되면 공을 때리는 헤드의 페이스 방향이 달라져서 공에 똑바로 맞지 않거나, 맞아도 공이 원하는 방향으로 똑바로 날아가지 않고 엉뚱한 방향으로 날아가게 됩니다."

"어머, 코킹도 중요하네요. 코킹이 잘못된다는 게 어떻게 되는 건가요?"

"가령, 왼손 손목을 손등 쪽으로 구부리거나 손목 안쪽으로 너무 많이 구부리면 안 됩니다."

"그럼 어떻게 해야죠?"

"허리가 돌아가는 속도에 맞춰 천천히 자연스럽게 오른손 손목을 손등 쪽으로 조금씩 구부리면 됩니다. 한번 해보세요."

"저절로 그렇게 되는 것 같은데요?"

"맞습니다. 자연스럽게 왼손 손목이 안쪽으로 구부러지는데요. 그런 상태에서 조금만 더 안쪽으로 구부린다는 느낌이 들도록 꺾어주면 되는 거예요."

"생각보다 어렵지는 않은데요, 선생님."

"하지만 코킹이 아주 중요합니다. 코킹이 제대로 이루어져야 공을 정확하게 맞출 수 있고, 또 공을 때리는 힘, 즉 파워가 커져서 공이 빠르게 멀리 날아갑니다."

바비는 가끔 아빠가 즐겨 보는 골프 경기 TV중계를 볼 때가 있었다. 골프 선수들이 힘들이지 않고 쉽게 스윙을 하는 것 같았고, 그저 골프채를 휘둘러 공을 때리면 되는 줄 알았다.

그런데 골프를 배우면서 이렇게 많은 과정이 있다는 것을 알게 되었다. 바비는 그 과정 하나하나가 모두 새롭고 재미있었다. 얼핏 생각하면 무척 까다롭고 어려운 것 같았다. 그렇지만 레슨 코치 선생님과 아빠가 가르쳐 주신 대로 한 가지씩 익혀나가니까, 점점 익숙해져서 모든 동작이 저절로 올바르게 이루어지는 것이 신기했다.

바비는 너무 기뻤다. 지금처럼 몇 년 동안 열심히 배우고 연습하면 '박세리 키즈' 들처럼 골프를 아주 잘 칠 수 있을 것 같았다.

(3) 스윙톱

선생님이 가르쳐준 대로 코킹이 잘되니까 골프공이 골프채의 페이스에 정확히 맞고 더 멀리 날아갔다. 바비는 딱, 딱! 경쾌한 소리를 내며 빠르게 날아가는 공을 바라보면 더없이 흐뭇했다. 엄마도 뒤질세라 힘찬 스윙을 했다. 그런 모습을 지켜보던 선생님도 박수를 치며 만족스러워했다.

"좋아요, 아주 좋아요. 자, 이제 한 단계 더 나가 봅시다."

"다음 단계는 뭐예요? 선생님."

"스윙톱 또는 톱오브스윙이라고 하는 단계인데요. 테이크백 동작으로 골프채를 허리 높이까지 들어 올리고 허리를 최대한 돌려 보세요."

"이렇게, 허리가 돌아갈 수 있는 데까지."

"더 이상은 안돌아 가요, 선생님."

"네, 좋아요. 지금 그 상태에서 가만히 있어 보세요. 허리가 얼마만큼 돌았죠?"

"더 돌리려면 몸이 움직이고 발이 떨어져요."

"허리를 최대한 돌리면 왼쪽 어깨가 턱밑에 까지 오게 됩니다. 바비는 몸이 유연하니까 턱밑에 까지 왔고요. 어머님은 조금 더 돌려 보세요."

"어휴, 나이가 드니까 허리가 부드럽게 잘 안 돌아가네요."

"허허, 괜찮습니다. 다른 어머님들보다는 잘 돌아가는 편입니다."

"정말이죠? 선생님."

"정말입니다. 왼쪽 어깨가 턱밑에 오면 허리가 약 90도 돌아간 겁니다. 그게 가장 이상적인 허리 이동입니다. 자, 이제 저를 따라와 보세요."

레슨코치 선생님은 바비와 엄마를 온몸이 다 보이는 아주 큰 거울 앞으로 데리고 갔다.

"허리를 왼쪽 어깨가 턱밑에 까지 오도록 돌린 자세에서 거울을 한번 보세요. 골프채의 헤드가 아주 높이 올라가 있죠?"

"어머, 정말 그러네요."

"어드레스 자세에서 허리를 약간 굽히지 않습니까? 그렇기 때문에 골프채를 허리 높이까지 들어 올리고 허리를 90도쯤 돌려주면 골프채의 헤드가 자신의 머리 위까지 올라가게 되죠."

"아, 그렇구나."

" 이 상태가 스윙톱입니다. 이제 골프채의 헤드가 더 이상 갈 곳이 없죠? 그래서 스윙의 정점이 되는 겁니다. 이때 골프채의 샤프트는 바닥, 즉 지면과 평행이 되도록 하는 것이 좋습니다. 아시겠죠?"

"네."

"자, 각자 거울을 보면서 스윙톱까지 연습을 해보세요. 아직 골프채를 휘두르지는 말고 스윙톱을 만들기까지의 동작만 해보세요."

"알겠습니다."

바비는 거울을 통해 보이는 자신의 폼이 그럴 듯해 보였다. 가만히 생각해 보니까 다솜이의 스윙 폼보다 자신이 더 나은 것 같았다. 곧 다솜이를 앞지를 수 있다는 자신감이 생겼다.

"바비야, 내 자세가 어떤지 좀 봐 줄래?"

"한번 해보세요."

"자, 봐봐."

"엄마 폼도 아주 좋아요. 힘만 좀 빼시면 더 좋을 것 같아요."

"아, 그렇구나. 허리를 돌릴 때 나도 모르게 힘이 들어가거든."

"연습을 많이 해서 익숙해져야 할 것 같아요."

"그래, 부지런히 연습하자. 하루빨리 스윙을 해서 공을 멀리 날려 보내고 싶거든."

"저도 그래요."

선생님이 나타나셨다.

"잘 됩니까?"

"대충 되는 것 같은데 연습을 많이 해야 할 것 같아요."

"절대로 힘이 들어가면 안 되고, 자연스럽고 부드러워야 합니다."

"그렇지 않아도 지금 힘이 들어간다는 얘기를 하고 있었어요."

"스윙을 공부하면서 배운 테이크백, 코킹 그리고 스윙톱, 이렇게 세 가지를 합쳐서 백스윙이라고 합니다."

"백스윙이란 스윙을 하기 위해 몸을 뒤로 돌린다는 말이죠?"

"그렇다고 볼 수 있어요. 골프의 스윙은 허리를 감았다가 풀어주면서 그 힘으로 공을 때리는 겁니다."

"그러니까 허리를 90도쯤 감았다가 확 풀어 주는 거군요?"

"맞습니다. 오늘은 올바른 자세를 잊지 말고 백스윙만 연습해 보도록 하세요."

"알았습니다."

"바비야, 우리 30분만 더 연습하고 가자."

"좋아요, 엄마."

바비와 엄마가 연습장 한쪽에서 정신없이 백스윙을 연습하고 있을 때였다. 갑자기 박수 소리가 들려왔다. 뜻밖에 아빠와 브라보였다.

"브라보!"

"오! 아주 잘하는데!"

"어머, 당신이 웬일이세요?"

"오빠도 왔어?"

"그래. 네가 연습을 잘하나, 못하나, 감시하려고 왔지."

"아빠, 오빠 말이 맞아요?"

"허허, 아니야. 엄마하고 바비의 골프 연습을 응원하고 저녁을 사주려고 왔거든."

"와아, 브라보!"

"저쪽에 서서 백스윙하는 모습을 잠시 지켜보니까 바비도 엄마도 진짜 많이 늘었다. 모든 과정을 다 배우고 나면 아빠가 필

드에 한번 데리고 가줄게. 알았지?"

"어머, 정말요?"

"아빠가 거짓말 하는 거 봤냐? 자, 그만 연습을 끝내고 저녁 먹으러 가자. 내가 아주 맛있는 거 사줄게."

"우리 아빠 최고!"

바비와 엄마는 다음 날도 백스윙을 연습했다. 선생님이 다가왔다.

"백스윙이 아주 좋습니다. 그런데 혹시 불편하거나 문제점은 없습니까?"

테이크백의 자세

"마침 잘 오셨어요, 선생님. 백스윙을 하다보면, 몸을 움직이지 않으려고 해도 왼발 뒤꿈치가 자꾸 들리거든요?"

"허허, 좋은 지적을 해주셨어요. 이렇게 실제로 연습을 통해서 문제점이 나타나야 하거든요. 그래서 내가 미리 얘기하지 않았어요. 왼발 발뒤꿈치가 들리는 것을 힐업이라고 하는데, 뒤꿈치가 들리는 것이 정상입니다. 몸이 움직이면 안 된다고 해서 왼발 뒤꿈치를 억지로 바닥에 붙이려고 하면 스윙이 제대로 안 됩니다."

"네, 맞아요, 선생님."

"그 대신 오른쪽 다리를 단단히 고정시켜야 합니다. 스윙을 할 때, 오른쪽 다리가 골프채의 회전축이 되거든요."

"그리고 또 궁금한 것이 있어요, 선생님."

"뭐지? 바비야."

"스윙 백을 할 때 오른팔은 구부러지지만 왼팔은 곧게 뻗어야 된다고 하셨잖아요?"

"그렇지."

"그런데 백스윙을 하다보면 왼팔을 곧게 뻗으려고 해도 자꾸 구부러지는 것 같거든요?"

"허허, 바비가 아주 중요한 걸 얘기했어요. 백스윙할 때 왼팔이 구부러지지 않는 것이 옳습니다. 하지만 지나치게 왼팔을 구부리지 않고 곧게 뻗으려고 하다보면 당연히 왼팔에 힘이 들어가고 경직됩니다. 그러면 부드러운 스윙을 할 수 없겠죠?”

“네. 왼팔에 자꾸 힘이 들어가요. 선생님.”

“그래서 왼팔을 곧게 뻗는 느낌을 갖되, 살짝 구부러져도 괜찮습니다. 그렇게 해야 왼팔의 힘도 뺄 수 있습니다.”

바비는 선생님의 말에 따라 왼팔을 살짝 구부려 주니까 허리도 좀 더 부드럽게 잘 돌아가고 왼팔에 힘도 뺄 수 있었다. 긴장감도 풀리고 마음도 편안했다. 왼발 뒤꿈치를 약간 드는 것도 백스윙을 한결 편하고 자연스럽게 해주었다.

스윙톱의 자세

(4) 다운스윙

바비와 엄마는 며칠 동안 백스윙을 되풀이해서 연습하다 보니, 모든 요령들이 자연스럽게 연결되고 스윙이 더욱 부드러워졌다. 바비와 엄마는 만족했다. 선생님도 기뻐했다.

"두 사람은 진도가 참 빠릅니다."

"고맙습니다, 선생님."

"선생님이 쉽게 잘 가르쳐 주신 덕분입니다."

"허허, 아무튼 지금 같은 백스윙 동작이 흩어지지 않도록 항상 연습을 하시구요. 오늘은 다운스윙을 해보겠습니다."

"다운스윙? 그건 또 뭐예요? 선생님."

"백스윙을 하면 스윙톱에 도달하게 되죠?"

"네, 스윙의 정점에 이르게 돼요."

"그렇죠? 더 이상 허리를 돌릴 수 없고, 골프채의 헤드가 제일 높은 정점에 도달하게 되죠? 그러면 그 다음에 어떡해야돼요?"

"발 앞에 놓여있는 공을 치기 위해서 골프채를 휘둘러야 돼요."

"골프채를 휘두른 다기 보다, 공을 치기 위해서 골프채가 아래로 내려와야겠죠?"

"네, 맞아요."

"스윙톱에 있던 골프채의 헤드가 공을 때리기 위해서 고정시

켜 놓은 오른발을 축으로 해서 아치[원]를 그리며 아래로 내려오는 동작을 다운스윙이라고 합니다."

"아하, 아래로 내려오니까 다운스윙이구나?"

"그렇습니다. 다시 말하면 오른쪽으로 90도쯤 감았던 허리를 풀어주면서 빠르게 내려오는 동작입니다."

"허리가 꼬여있던 것을 풀어 주는 거죠?"

"그렇게 말할 수도 있습니다. 또 골프채를 휘두른다고 해도 크게 틀린 말은 아닙니다."

"선생님, 백스윙을 시작하는 테이크백에서는 골프채의 헤드를 천천히 30센티미터쯤 곧바로 끌고 나갔잖아요?"

"그렇지."

"다운스윙을 할 때는 빨리 내려와요?"

"당연해요. 공을 힘 있게 치려면 오른쪽으로 꼬인 허리를 마치 용수철이 튀어나가듯이 확 풀어주면서 골프채의 헤드가 빠르고 힘 있게 내려와야 공을 멀리 날려 보낼 수 있어요."

"천천히 올라가서 빨리 내려온다."

"허리를 천천히 감아줬다가 빠르게 풀어준다."

"네, 맞습니다. 그런데 다운스윙에도 몇 가지 요령과 주의할 점이 있습니다."

"빨리 가르쳐 주세요."

"스윙을 시작하는 백스윙을 하려면, 몸의 중심축을 유지하면서 손-팔-어깨-허리-무릎의 순서로 움직이게 되죠?"

"손이 움직이기 시작하면, 팔이 움직이고, 어깨가 따라오고, 허리가 돌고, 허리가 돌아가면 왼쪽 무릎이 오른쪽으로 움직이게 되고, 왼발 뒤꿈치가 들리고……. 네, 맞아요. 선생님."

"다운스윙은 감았던 허리를 풀어주는 거니까, 순서가 백스윙의 정반대가 됩니다. 즉 왼발 뒤꿈치가 바닥에 닿으면서 무릎이 왼쪽으로 움직이고 허리가 왼쪽으로 돌고, 어깨가 왼쪽으로 돌아가고, 팔이 움직이고 손이 움직이는 순서입니다."

"그러니까 무릎-허리-어깨-팔-손, 백스윙과는 정말 정반대가 되는군요?"

"무슨 말인지 아시겠죠?"

"네, 선생님."

"이 순서가 지켜져야 공을 원하는 방향으로 정확하고 멀리 칠 수가 있습니다. 자, 앞에 공을 놓고 백스윙부터 시작해서 다운스윙을 하면서 공을 쳐보세요."

학교 공부도 그렇지만, 무엇이든 모르는 것을 배워서 알게 되는 것은 즐거운 일이다. 바비는 골프가 점점 더 재미있게 느껴졌

다. 힘 있게 다운스윙을 하며 공을 치는 기분이 무척 상쾌했다.

골프공이 똑바로 잘 날아갔다. 이제는 마치 골프 선수가 된 느낌이었다. 다솜이보다 잘 칠 수 있을 것 같았다. 하지만 선생님은 바비와 엄마의 다운스윙에서 잘못된 점이 많다며 몇 가지를 지적해 주었다.

"설명 잘 들으세요. 앞에서 얘기했지만 백스윙은 손-팔-어깨-허리-무릎의 순서로 진행된다고 했죠? 말하자면 거의 몸의 하체는 고정시켜 놓고 상체가 움직이는 거죠?"

"네, 맞아요."

"다운스윙은 순서가 그 정반대라고 했죠?"

"네."

"백스윙이 상체를 이용했으니까 다운스윙은 그 정반대로 하체가 주도하게 됩니다. 왼발부터 움직이잖아요?"

"알아요, 선생님."

"오른쪽으로 감았던 허리를 왼쪽으로 풀어주면서 제일 먼저 움직이는 것이 왼발입니다. 따라서 오른발에 있던 몸의 무게 중심도 왼발로 옮겨가게 되는 거죠. 힘 있게 다운스윙을 해보세요."

바비가 힘껏 다운스윙을 하며 공을 때렸다. 공은 제대로 맞아서 멀리 날아갔지만 몸이 왼쪽으로 쏠리며 쓰러질듯 했다.

"그것 보세요. 다운스윙을 하는 힘과 속도 때문에 몸이 왼쪽으로 심하게 쏠리죠?"

"네, 맞아요. 쓰러질 뻔 했어요."

"그것을 왼발로 체중을 옮기며 버텨내야 합니다. 마치 왼발 옆에 벽이 막고 있는 것처럼 몸이 왼쪽으로 쓰러질듯 기울면 안 됩니다."

"선생님, 그러니까 백스윙과는 정반대로 몸의 하체부터 움직이면서 어깨, 팔, 손이 따라와야 한다는 말씀이죠?"

엄마가 선생님에게 물어 보았다.

"네, 맞습니다. 절대로 손이 먼저 나오거나 하체보다 어깨가 먼저 돌면 안 되거든요. 왼발을 움직이며 하체가 돌고 그에 따라 허리가 돌고, 허리가 도니까 어깨, 팔, 손이 뒤따라오게 되는 겁니다."

"호호, 어려운데요."

"어렵게 생각할 것 없어요. 아주 천천히 다운스윙 연습을 하면서 팔과 손이 어깨보다 먼저 앞으로 나가게 하지 않으면 됩니다. 마치 슬로비디오를 보듯이 천천히 다운스윙 동작을 해보세요."

바비와 엄마는 정말 슬로비디오의 동작처럼 천천히 순서가 틀리지 않도록 다운스윙을 여러 차례 연습했다.

"선생님, 자꾸 손이 먼저 나오려고 해요."

"손이 먼저 나오는 것을 막으려면 오른손 팔꿈치를 허리에 붙이면 됩니다. 다운스윙이 끝날 때까지 허리에 붙인 오른손 팔꿈치를 떼지 말아야 합니다."

"아, 이렇게……. 어머, 오른손 팔꿈치를 허리에 붙이니까 정말 손이 먼저 앞으로 나오지 않네요."

"오른손 팔꿈치를 허리에 붙이면 자연히 허리가 돌면서 어깨가 따라서 돌고, 그 다음에 팔과 손이 따라서 돌게 되잖아요? 그렇죠?"

"네, 맞아요."

"그런데요. 선생님."

엄마가 또 궁금한 것이 있는 듯 선생님한테 질문했다.

"팔과 손이 제일 늦게 따라오기만 하면 공은 어떻게 쳐요?"

"허허, 이제 팔과 손에 대해서 말씀드릴께요. 골프에서는 오른손보다 왼손을 많이 쓰게 된다고 말씀드린 적이 있죠?"

"네, 생각나요."

"다운스윙을 할 때, 허리와 어깨를 왼쪽으로 빠르게 돌리면서 뒤따라 오는 팔과 손은 왼손이 이끄는 겁니다. 왼손이 그립을 쥐고 있잖아요? 허리와 어깨를 뒤따라 내려오면서 왼손이 힘껏 공을 때리고 오른손은 왼손을 도와주는 역할만 하면 됩니다."

"아, 그렇구나. 그립을 배울 때, 선생님이 왼손으로만 그립을 잡고 공을 쳐보라고 하셨던 기억이 나요."

"한 가지만 더 말씀을 드릴게요. 백스윙을 할 때, 손목을 살짝 꺾는 코킹을 하게 되죠?"

"네, 코킹은 잘 돼요."

"그 코킹을 한 상태를 그대로 유지하면서 다운스윙을 해야 합니다."

"그러면 언제까지 코킹을 하고 있어요?"

"코킹을 그대로 유지하고 내려와서 공을 때리면서 자연스럽게 코킹이 풀리게 되니까, 그건 걱정할 것 없고요. 다운스윙할 때 코킹을 그대로 유지해야 한다는 것만 잊지 마세요."

"휴우, 주의할 것도 많고 무척 까다롭고 어려운 것 같네요."

엄마가 힘이 든다는 듯 푸념을 했다.

"허허, 너무 걱정하실 것 없습니다. 하나하나 설명을 하자니까 주의할 점도 많고 까다로운 것 같지만, 어느 정도 연습만 하면 한꺼번에 다 되는 겁니다."

"엄마, 너무 염려마세요. 어드레스, 백스윙 모두 주의할 점들이 무척 많았잖아요? 하지만 연습을 하니까 선생님 말씀대로

다운스윙의 자세

한꺼번에 다 되잖아요?"

"허허, 바비 말이 맞아요. 골프의 동작들은 모두 연결 동작이기 때문에 조금만 연습하면 저절로 한꺼번에 다 이루어집니다. 그리고 어떤 동작이 잘 안 된다면 그때, 그때 고쳐나가면 되는 겁니다."

"알겠습니다. 그냥 넋두리 한번 해 본 거예요, 선생님."

(5) 임팩트

바비와 엄마는 다운스윙에 중점적으로 연습하고 있었다. 선생님이 가르쳐 준 요령들을 머릿속에 두고 손과 몸에 익숙해지도록 꾸준히 연습했다. 아직 공이 골프채의 헤드에 맞고 어떻게 날아가는지에 대해서는 크게 신경을 쓰지 않았다. 하지만 헤드에 맞은 공은 거의 똑바로 날아갔다.

어느 틈에 나타났는지 오늘도 어김없이 다솜이가 다가와서 바비의 연습을 눈여겨보고 있었다.

"흥, 제법인데! 너, 많이 늘었구나. 그건 내가 인정할게. 하지만 아직 공이 멀리 날아가지 못하는 것 같다. 나는 7번 아이언으로 치면 100미터 가까이 날아가는데, 너는 겨우 20, 30미터쯤 날아가는 것 같다. 나를 따라 오려면 좀 더 땀을 흘려야 할 걸."

선생님이 나타났다.

"다솜이 너는 다른 사람 연습하는 거 참견하지 말고, 네 타석에 가서 연습이나 열심히 해라."

다솜이는 대꾸도 없이 가버렸다.

"바비야, 다솜이에 대해서 신경 쓸 것 없어. 다솜이는 너무 욕심이 많고 다른 아이들을 깔보는 버릇이 있는 것 같더라. 저 애가 뭐라고 그래도 신경 쓰지 말고 자기 연습만 충실히 하면 되는 거야."

"알았어요, 선생님."

"솔직히 말하면 내가 볼 때, 다솜이가 바비보다 한 달쯤 먼저 골프를 배우기 시작했지만 지금은 별 차이가 없어. 아주 조금 앞섰을 뿐이야."

"선생님, 공을 멀리 보내려면 어떡해야죠?"

"그걸 설명하려고 왔지. 어머님도 이쪽으로 오시라고 해라."

레슨코치 선생님은 바비와 엄마를 불러 놓고, 다운스윙의 다음 단계를 설명하셨다.

"자, 지금 두 사람은 어드레스, 백스윙, 다운스윙을 해서 공을 쳐내고 있죠?"

"네, 그런데 선생님. 공이 똑바로 날아가기는 하는데 멀리 안 가요."

"당연합니다. 두 사람이 아직 공을 때리는 방법에 대해서는 배우지 않았기 때문이에요."

"빨리 가르쳐 주세요. 공을 멀리 날려 보내고 싶어요."

"허허, 그러니까 잘 들어요. 백스윙의 정점에서 다운스윙으로 내려 온 골프채의 헤드가 마침내 앞에 놓여있는 공을 때리게 되잖아요?"

"네."

"골프채의 헤드와 공이 딱 부딪치는 순간을 임팩트라고 합니다."

"임팩트?"

"임팩트가 잘 돼야 공이 멀리 날아가게 되는 거죠."

"아주 중요하네요?"

"중요해요. 두 사람은 다운스윙을 익히느라고 아직 임팩트에는 신경을 쓰지 않았기 때문에 공이 멀리 안 나가는 거예요."

"임팩트를 어떻게 해야죠? 선생님."

"첫째, 지금까지 배운 모든 동작에서 힘을 빼라고 끊임없이 강조했죠?"

"네, 맞아요."

"다운스윙까지 힘은 뺐지만 골프채의 헤드가 감았던 허리를 풀어주는 동작과 함께 빠르게 내려와서 공을 때리는 순간, 즉 임팩트의 순간에 힘을 몰아주는 겁니다."

"아, 그게 첫 번째 요령이군요?"

"그렇습니다. 가끔 야구 경기 보세요?"

"네, 아빠가 스포츠를 무척 좋아하셔서요. TV의 야구 중계를 자주 보시거든요. 그때 옆에서 아빠하고 같이 볼 때가 많아요."

"그러면 야구 경기에서, 투수가 던지 공을 치려고 타자가 배트를 휘둘렀는데 공을 못 맞추고 배트만 날아갈 때가 있죠?"

"네, 가끔 봐요. 그렇지 않아도 이상하게 생각했어요. 공을 못 맞출 수는 있지만 왜 배트가 날아갈까 궁금했어요."

"허허, 조금도 이상한 것이 아니에요. 야구 선수들도 스윙을 할 때 힘을 빼기 때문에 그런 겁니다. 투수가 던진 공을 때리는 순간, 역시 임팩트의 순간에 배트에 힘을 주는 건데 공이 안 맞았으니까, 힘을 빼고 쥐고 있던 배트가 날아가는 거죠."

"아, 그렇구나."

"둘째, 공을 정확히 맞혀야 합니다. 야구 경기에서도 공이 배트에 정확하게 맞지 않으면 멀리 나가지 않고 공중에 떠오르거나 빗맞아서 파울볼이 되죠?"

"네, 관중석으로 날아가기도 하고요."

"골프도 마찬가지입니다. 헤드의 페이스에 정확하게 맞지 않고 빗맞으면 엉뚱한 방향으로 날아가거든요."

"헤드에 어떻게 맞아야 정확히 맞는 건가요?"

"공이 헤드의 페이스 한가운데 맞아야 하고, 공과 페이스가 직각이 되게 맞아야 합니다. 그렇게 맞추려면 다운스윙에서 왼팔이 펴져서 곧게 내려와야 할 뿐 아니라, 코킹을 유지하고 내려와야 합니다."

"정말 골프에서는 왼팔이 중요하군요?"

임팩트의 자세

"그렇죠. 왼손으로 공을 때린다는 느낌을 가져야 합니다. 그러자면 임팩트 순간에 오른쪽 어깨가 왼쪽 어깨보다 밑으로 내려오게 되겠죠?"

"이렇게?"

"네, 맞습니다. 다시 말하면 임팩트 순간의 자세는 어드레스 때와 마찬가지입니다. 양 어깨와 손이 삼각형을 유지해야 해요."

"결국 허리를 비틀어 백스윙을 하고 처음 어드레스 자세로 되돌아오는 거군요?"

"그렇게 생각하면 됩니다. 셋째, 머리가 절대로 들리거나 흔

들리면 안 되고 두 눈은 임팩트가 끝날 때까지 공을 노려봐야 합니다."

"네, 머리가 움직이지 않는 것은 어느 정도 익숙해졌거든요."

"좋은 일입니다. 넷째, 공을 때리는 임팩트의 순간에는 왼팔과 오른팔이 쭉 펴고 양 어깨와 삼각형을 유지하면서 힘껏 공을 때려야 멀리 날아갑니다. 한번 해보세요."

바비와 엄마는 비로소 제대로 스윙을 하며 공을 마음껏 힘 있게 때렸다. 선생님이 설명하신 임팩트의 요령들을 생각하며 스윙을 했더니, 공이 똑바로 한결 멀리 날아갔다. 갑자기 골프 선수가 된 느낌이었다. 그런데 몸이 자꾸 왼쪽으로 기울어지는 것 같았다. 선생님도 그 점을 지적했다.

"네, 다 좋은데 몸이 왼쪽으로 기울어지네요?"

"네, 임팩트를 하고나서 몸이 왼쪽으로 쏠려요."

"몸이 왼쪽으로 쏠리는 데는 두 가지 이유가 있어요. 하나는 바비나 어머님이 오른손잡이기 때문에 아무리 왼팔로 공을 때린다고 해도 오른팔에 힘이 들어가서 오른쪽 어깨가 빨리 돌기 때문입니다."

"맞아요, 그런 것 같은데요."

"또 하나는 이미 말씀드렸지만 다운스윙을 하면서 몸의 무게 중심이 왼발로 옮겨가 왼쪽 다리로 버텨야 하는데, 체중 이동이 아직 제대로 안 되기 때문이에요."

"어머, 왼쪽 다리로 벽을 만들어야 한다고 하셨는데, 그걸 잊어버렸어요."

"몸이 왼쪽으로 쏠리지 않기 위해서 왼쪽 다리로 벽을 만들게 되면 왼발의 바깥쪽에 힘이 들어가서 왼발의 오른쪽이 약간 들리게 되거든요. 그게 정상입니다."

"한번 해볼게요."

"해보세요. 다운스윙할 때 오른팔의 힘을 빼고 왼손으로 힘껏 친다는 기분으로 쳐보세요. 왼쪽 다리가 벽을 만드는 것도 잊지 말고요."

"알았어요."

바비와 엄마는 몇 차례 되풀이해서 스윙을 해봤다. 주의 사항들을 지키니까 몸에 균형이 유지되었다.

"선생님, 스윙을 하고나면 오른발 뒤꿈치가 들리거든요. 그건 괜찮은가요?"

"당연합니다. 몸이 회전하는 데 따라서 자연스럽게 오른발 뒤꿈치가 올라가게 됩니다."

"아, 그건 잘못된 것이 아니군요?"

"잘못된 것이 아니라, 당연히 오른발 뒤꿈치가 들려야 합니다. 그리고 마지막으로 한 가지 더 알아둘 것은 임팩트가 별도의 독립된 동작이 아니라, 스윙의 일부분이라고 생각해야 한다는 것입니다."

"자연스런 스윙의 연결 과정이라는 말씀이죠?"

"그렇죠. 골프채를 스윙하는 과정에서 공이 맞는 것뿐입니다. 다만 공이 맞는 순간, 빼놓고 있던 힘을 몰아주고 자세가 흐트러지지 않게 유지해야 해요."

"알겠습니다."

"자, 그럼 어드레스에서 임팩트까지 연습을 해보세요."

"그러면 스윙은 다 되는 건가요?"

"아닙니다. 스윙에서 좀 더 설명해야 할 단계들이 있습니다. 하지만 지금은 임팩트까지만 연습을 하세요."

(6) 팔로우드루

바비는 마침내 힘찬 스윙으로 공을 마음껏 때리게 되자, 진짜로 골프를 친다는 생각이 들었다. 엄마도 같은 생각이었다. 더욱이 레슨코치 선생님이 가르쳐 준 스윙의 갖가지 요령들을 착실하게 배운 탓인지, 힘찬 스윙으로 때리는 공마다 허공을 가르며 멀리 날아갔다.

바비는 자기가 공을 그렇게 잘 친다는 사실이 신기했다. 이럴 때 다솜이가 와서 바비가 스윙하는 모습을 보았으면 좋을 텐데, 오늘 따라 다솜이의 모습은 보이지 않았다. 바비와 엄마가 누구의 공이 더 멀리 날아가나, 겨루기를 하고 있을 때, 선생님이 다가왔다.

"자, 이제 스윙의 마무리를 합시다."

"아참, 아직 스윙의 단계가 완전히 끝난 것이 아니라고 말씀하셨지요?"

"아직 많이 남았나요? 선생님."

"아닙니다. 거의 다 됐습니다."

"남아 있는 것이 뭔가요?"

"팔로우드루와 피니시입니다."

"팔로우드루? 그건 뭐예요?"

"지금 임팩트까지는 그런대로 잘 되고 있나요?"

"네, 선생님."

"임팩트, 즉 골프채의 헤드로 공을 힘차게 때리고 나면, 골프채는 어떻게 되나요?"

"공을 때리고 앞쪽으로 쭉 뻗어나가요."

"그렇죠? 골프채를 힘껏 휘둘렀으니까 그 탄력에 의해서 저절로 골프채가 앞으로 나가게 되겠지요?"

"네."

"그 과정이 팔로우드루입니다. 즉 임팩트 다음 동작을 말하는 겁니다."

"선생님, 제가 잘못 했나요?"

"잘못이라기보다 몇 가지 주의할 점이 있습니다."

"어떤 점인가요?"

"우선 임팩트를 하고 나서, 골프채가 공이 날아가는 방향으로 쭉 뻗어지면 공이 제대로 맞은 겁니다. 당연히 똑바로 멀리 날아가죠. 그러니까 너무 빨리 골프채를 왼쪽 어깨 위로 감아올리려고 하지 말고 힘 있게 쭉 뻗어주어야 합니다."

"아하, 그 동작이 팔로우드루군요?"

"그렇습니다. 공이 똑바로 날아가는 방향으로 힘 있게 뻗어주되, 마치 골프채도 그 방향으로 날아가라는 듯이 골프채를 내던지는 느낌을 가져야 합니다."

"호호, 야구 선수의 배트가 공을 못 맞추고 날아가듯이."

"하지만 정말 골프채가 날아가면 안 됩니다. 단지 그런 느낌으로 힘 있게 앞으로 뻗어주라는 겁니다."

"한번 해봐야겠는데요."

"직접 해보세요."

바비와 엄마는 몇 차례 팔로우드루까지 스윙을 연습해 봤다. 골프채의 헤드에 맞은 공이 더욱 멀리 날아가는 것 같았다.

"머리를 들지 말아요."

"어머, 제가 머리를 들었나요?"

"공이 제대로 날아가는지 보려고 자기도 모르게 고개를 너무 빨리 돌렸습니다. 팔로우드루를 할 때도 그대로 공이 놓여 있던 곳을 보고 있어야 합니다. 그 다음에 고개를 돌려 공이 날아가는 것을 쳐다봐도 늦지 않습니다."

"조심하겠습니다."

"연습하는 과정에서 두 눈을 팔로우드루가 끝날 때까지 공에 고정시키는 습관이 몸에 배도록 해야 합니다. 그래야 헤드업, 즉 머리가 움직이지 않거든요."

"다시 팔로우드루를 해보겠습니다."

바비와 엄마는 선생님의 이야기를 떠올리며 팔로우드루가 끝날 때까지 머리가 움직이지 않도록 노력했지만 자기도 모르게 두 눈이 날아가는 공을 쳐다보고 있었다.

"공이 어디로 날아가도 상관없다는 생각으로 아예 임팩트를

팔로우드루의 자세

한 뒤에는 공이 날아가는 것을 쳐다보지 마세요."

선생님에게 꾸중을 들어가며 오랫동안 팔로우드루를 연습했다. 특히 머리가 움직이지 않도록 각별히 조심했다.

(7) 피니시

바비와 엄마의 팔로우드루 연습을 지켜보시던 선생님이 연습을 멈추라고 했다.

"지금 팔로우드루가 제대로 되고 있습니다. 자, 이제 스윙의 마지막 단계를 살펴볼까요?"

"드디어 마지막 단계에 왔네요."

"허허, 열심히 연습을 했기 때문에 다른 사람들보다 훨씬 빨리 마지막 단계에 온 겁니다."

"스윙의 마지막 단계란 무엇인가요?"

"팔로우드루에서 골프채를 공이 날아가는 방향으로 던지듯이 쭉 뻗어주라고 했죠?"

"네, 그렇게 하고 있어요."

"골프채를 쭈욱 뻗어주고 나면 그 다음에는 어떤 동작이 따라올까요?"

"골프채가 왼쪽 어깨 쪽으로 올라가요."

"맞아요. 골프채를 뻗어주고 나면 몸이 왼쪽으로 돌아가면서 골프채는 왼쪽 어깨 위로 올라가게 되겠지요? 이 동작이 피니시입니다. 스윙의 마지막 단계가 되는 겁니다."

"아하, 피니시란 영어로 끝낸다는 말이죠?"

"맞습니다. 스윙을 마무리한다는 뜻입니다. 팔로우드루를 하고 나면 그 탄력에 의해서 몸이 공이 날아가는 방향, 즉 왼쪽으로 돌아가면서 골프채는 마치 목을 감듯이 왼쪽 어깨 너머로 돌아가게 됩니다."

"저절로 그렇게 되는 것 같아요."

"피니시에서도 주의해야 할 점들이 있나요, 선생님."

"물론 있습니다. 잘 들어보세요. 임팩트를 힘차게 하고나면 그 탄력으로 두 팔이 쭉 펴지면서 팔로우드루를 하게 됩니다."

"네."

"그와 함께 몸이 왼쪽으로 돌아가서 공이 날아간 방향을 향하게 되잖아요?"

"맞아요."

"몸이 왼쪽으로 돌아 공이 날아간 방향을 향하면서 골프채를 잡은 두 손이 마치 머플러를 목에 감는 것처럼 왼쪽 어깨 위로 넘어가게 되는데요. 그 때 왼팔이 어떻게 되나요?"

"가만있어 보세요. 아, 왼팔이 구부러지는데요?"

"맞아요. 백스윙을 할 때는 오른팔 팔꿈치가 구부러졌는데 피니시를 할 때는 반대로 왼팔이 구부러지게 됩니다. 또 오른팔은 쭉 뻗어주게 됩니다."

"모두 백스윙 때와 정반대군요? 백스윙 때는 왼팔을 곧게 뻗어줬는데 피니시에서는 오른팔을 뻗어주게 되는군요?"

"맞습니다. 그렇게 하면 골프채의 헤드가 자연스럽게 등 뒤로 넘어가게 되겠지요?"

"한번 해볼게요."

"정말 그렇게 되는구나."

"네, 어머님, 지금 피니시 자세가 아주 좋습니다. 자, 여기서 주의할 점은 몸이 공이 날아간 정면을 향하게 될 때입니다. 임팩트와 팔로우드루를 힘 있게 했기 때문에 체중이 왼쪽으로 쏠리게 됩니다."

"알아요, 그래서 왼쪽 다리로 체중을 옮기고 왼쪽으로 몸이 기울지 않도록 벽이 있는 것처럼 하라고 하셨어요."

"그렇습니다. 그래도 강한 탄력 때문에, 몸 전체가 왼쪽으로 치우치는 것을 막자면 몸이 공이 날아간 정면을 향할 때, 약간 배를 내밀듯이 하면서 허리를 뒤쪽으로 제쳐야 합니다."

"아하, 알겠어요. 저절로 그렇게 되는데요?"

"스윙이 잘 이루어지면 자연스럽게 그렇게 됩니다. 체중은 여전히 왼쪽 다리에 남아있고 오른쪽 발은 공이 날아간 방향으로 돌면서 발끝만 땅에 닿고 뒤꿈치는 들리게 됩니다."

"네, 맞아요."

"그리고 또 하나 주의할 점은 팔로우드루에서 골프채를 앞으로 던지는 느낌으로 뻗어주라고 했지요?"

"네."

"그렇게 되면 순간적으로 골프채가 멈춰있는 느낌이 올 겁니다."

"네, 두 팔을 힘 있게 쭉 뻗었으니까요."

"따라서 피니시는 천천히 하는 것이 좋습니다. 쭉 뻗어주었다가 걷어 들이는 기분으로 천천히 골프채를 왼쪽 어깨 뒤로 돌리면 됩니다. 이미 공은 날아갔고 서두를 필요가 없습니다."

"연습해 볼게요, 선생님."

바비와 엄마는 신이 나서 피니시까지 연습했다. 마침내 스윙이 완성되는 것이었다. 바비는 기분이 아주 상쾌했다. 엄마와 바비는 서로 쳐다보면서 스윙 폼이 아주 멋있다고 기뻐했다.

"네, 좋습니다. 지금 같은 스윙 폼을 계속해서 유지하려면 역시 끊임없는 연습이 필요합니다. 스윙의 피니시에서 두 가지만 명심하세요."

"어떤 건가요?"

"스윙은 왼팔이 주도한다. 다운스윙에서부터 왼팔이 스윙을 리드하면 피니시까지 저절로 무리 없이 이루어진다."

"알겠습니다. 또 한 가지는?"

"피니시가 편안하게 잘 되면 스윙 전체가 잘된 것이다."

"네. 마무리가 좋으면 과정도 좋은 것이다, 이런 말씀인가요?"

"허허, 그렇습니다. 자, 계속해서 연습해 보세요."

드디어 스윙의 모든 단계가 끝났다. 물론 스윙은 골프를 계속

피니시의 자세

한다면 끊임없이 연습해야 하는 골프에서 가장 중요한 동작이다. 골프는 스윙이 전부라고 해도 과언이 아니다. 골프는 곧 스윙으로 공을 때려서 원하는 방향으로 공을 날려 보내는 스포츠이기 때문이다. 그래서 프로 골프 선수들도 쉬지 않고 스윙 연습을 한다.

바비와 엄마도 어느 정도 스윙이 완성되었다. 레슨코치 선생님이 가르쳐준 갖가지 요령과 주의 사항들을 머릿속에 그리며 연습을 게을리 하지 않았다. 제법 능숙하게 스윙을 하는 바비와 엄마를 바라보면서 선생님이 말했다.

"제가 스윙을 여러 단계로 나누어서 설명했지만, 스윙은 하

나의 동작입니다. 골프채를 들어 올려서 공을 때리기 위해 휘두르는 하나의 동작입니다. 따라서 스윙을 할 때는 굳이 여러 단계를 나누어서 생각할 필요는 없습니다. 스윙이 부드럽게 잘 이루어진다면 전체가 다 잘되고 있는 거예요. 다만, 스윙이 제대로 안 되고 공이 자꾸 빗맞으면, 어느 단계가 잘못됐는지 한 단계, 한 단계, 요령과 주의 사항들을 다시 한 번 생각하면서, 잘못된 단계를 반복해서 연습해야 합니다."

"네, 그렇게 하겠습니다."

엄마는 저녁 식사 준비 때문에 먼저 가고 바비는 남아서 좀 더 스윙을 연습했다. 스윙이 잘되니까 헤드에 맞은 공이 쭉쭉 뻗어나가는 것 같았다. 옆 타석에서 연습하던 어른들도 바비의 스윙을 보면서 놀라는 눈치였다.

"어허, 초등학생이 아주 잘 치는구나."

"공이 제법 멀리 가는데?"

"맞아. 이래서 골프는 일찍 배워야 하는 거야."

어느 틈에 다솜이도 지켜보고 있었다. 바비가 힐끗 쳐다보니 많이 놀라는 것 같았다. 바비는 보란 듯이 더욱 힘차게 골프채를 휘둘렀다. 정말 즐거운 스윙 연습이었다.

잠깐만

파블로 카잘스의 첼로 연습

파블로 카잘스1876~1973는 스페인에서 태어난 세계 최고의 첼로 연주자이다.

그는 97세에 이르기까지 장수했지만 세상을 떠날 때까지 하루도 첼로 연습을 쉰 날이 없었던 연주자로 유명하다. 그가 운명하기 2년 전인 95세 때, 그를 인터뷰하던 한 젊은 신문기자가 물었다.

"카잘스 선생님, 선생님은 지금 95세이시고, 이미 세상에서 가장 위대한 첼로 연주자로 인정받고 계십니다. 그런데도 여전히 하루도 쉬지 않고 하루에 무려 여섯 시간씩이나 연습을 하시는 이유가 무엇입니까?"

카잘스가 대답했다.

"허허, 왜냐하면 연습을 할 때마다 내 연주 실력이 아직도 조금씩 향상되고 있기 때문이오."

그렇다. 연주가나 운동 선수나 마찬가지다. 스포츠나 악기 연주는 하루라도 연습을 쉬면 그만큼 실력이 떨어지고 연습을 하면 할수록 실력이 향상된다.

유명한 연주가들은 한결같이 이렇게 말한다.

"연습을 하루 쉬면 내가 알고, 이틀을 쉬면 동료가 알고, 사흘을 쉬면 관객이 안다."

다시 말하면 연습을 쉬면 쉰 만큼 실력이 후퇴한다는 얘기다. 모든 스포츠가 마찬가지다. 특히 골프는 연습을 게을리 하면 눈에 띄게 실력이 떨어진다. 무엇보다 스윙 폼이 흔들려 더욱 많은 연습을 하지 않으면 회복하기 힘들다.

사실 다른 스포츠들은 직접 경기장에서 게임을 할 수 있지만, 골프는 자주 필드에 나가기가 쉬운 일이 아니다. 선수가 아니라면 한 달에 한두 번 나가는 것도 만만치 않다.

따라서 골프는 곧 연습이고, 연습하는 즐거움이 곧 골프 하는 즐거움이다. 골프를 한다는 것은 골프 연습을 한다는 말이나 다름없다. 이왕 골프를 시작했다면 꾸준히 쉬지 않고 연습해야 한다.

연습에 충실한 사람은 자기도 모르는 사이에 실력이 부쩍 늘어난다. 카잘스의 말처럼, 하루, 하루 연습 할 때마다 자신의 실력이 늘어나는 것을 스스로 느끼게 된다.

아주 기쁜 소식

바비와 엄마가 연습에 열중하던 어느 날, 레슨코치 선생님이 아주 기쁜 소식을 전해 주었다.

“바비하고 어머님이 지금처럼 열심히 연습하시면, 한 달 안에 제가 필드에 모시고 나가겠습니다.”

“네에? 필드라니요?”

“골프장에 데리고 가시겠다는 말씀인가요?”

“허허, 그렇습니다. 필드에 나가서 실전 골프를 해보도록 하겠습니다.”

“어머, 연습이 아니라 필드에서 진짜 골프 게임을 한다는 건가요?”

“맞습니다.”

"와아, 신난다!"

"그런데 선생님, 저희들이 필드에 나갈만한 실력이 될까요?"

엄마가 걱정스럽게 선생님에게 물었다.

"허허, 물론 연습을 더 해야합니다. 더욱이 갖가지 샷, 그리고 퍼팅에 대해서 배워야 합니다."

"한 달 안에 그걸 배울 수 있을까요?"

"두 사람은 연습 진도가 아주 빠를 뿐 아니라, 무척 열심히 연습하기 때문에 가능할 겁니다. 스윙의 기초는 어느 정도 됐으니까 나머지 기술도 빨리 배울 것으로 확신합니다."

"고맙습니다. 선생님."

"최선을 다하겠습니다."

바비와 엄마는 너무 기뻐서, 퇴근하고 집에 돌아온 아빠에게 이 기쁜 소식을 제일 먼저 전했다. 브라보도 방에서 달려 나오며 박수를 쳤다.

"오오! 브라보! 우리 엄마하고 바비가 드디어 골프 선수가 되는구나!"

"허허, 머지않아 선생님이 필드에 데리고 가시겠다니, 정말 열심히 연습한 모양이구나?"

"어흠, 골프에 소질도 있는 거 아니겠어요?"

"바비, 너 까불지 마."

엄마가 바비에게 눈을 흘기셨다.

"절대로 자만에 빠지면 안 돼. 그럴수록 겸손해야 되는 거야."

"허허, 당신도 참! 바비를 칭찬해 주면 어때서?"

"아빠, 엄마하고 바비가 필드에 나가는 날, 아빠하고 저도 같이 가요."

"오빠는 골프도 칠 줄 모르면서 필드에 가서 뭘 해?"

"아니다. 그래, 브라보야, 우리도 필드에 같이 가자."

"헤이, 브라보!"

"브라보야, 우리가 엄마하고 바비의 캐디를 하자."

"캐디? 캐디가 뭐예요?"

"TV의 골프 중계 못 봤냐? 선수들의 골프백을 메고 따라다니는 사람!"

"아하, 알겠어요. 좋습니다. 제가 바비의 캐디를 할 테니까, 아빠는 엄마의 캐디를 하세요."

"물론이지."

"호호, 우리는 캐디까지 다 있네!"

"호호, 필드에 나가서 모두 깜짝 놀라게 실력 발휘를 해야지."

"그 대신 잘 못 치면 아빠한테 체벌을 받는다. 알겠지?"

"어머, 안 돼요. 어린이에게 체벌은 학교에서도 금지하고 있는 거 모르세요? 아빠."

바비의 집 거실에서는 오래도록 웃음이 떠나지 않았다.

(1) 샷 타법

레슨코치 선생님이 머지않아 필드에 데리고 나가겠다는 말에 신바람이 난 바비와 엄마는 더욱 열심히 연습했다. 다행히 스윙도 흔들리지 않고 잘 되고 있었다. 며칠 동안 별다른 말이 없던 선생님이 다가왔다.

"자, 이제 샷에 대해서 살펴봅시다."

“네, 선생님.”

“샷이란 스윙을 비롯해서 골프공이 골프채의 헤드를 맞고 날아가다가 떨어지기까지의 모든 과정을 한마디로 표현하는 말입니다. 공을 친다는 것은 아무 생각 없이 골프채로 공을 때리는 것이 아니라, 자기가 원하는 방향, 그리고 원하는 지점에 공을 떨어뜨리기 위한 것이에요.”

“아아, 네.”

“따라서 자기가 의도한대로 원하는 방향으로 날아가 원하는 위치에 공이 떨어졌을 때, 흔히 ‘굿 샷’ 또는 ’나이스 샷’이라고 하죠.”

“잘 쳤다는 뜻이죠?”

“그렇습니다. 반대로 잘못 쳐서 엉뚱한 방향으로 공이 날아가거나 공이 날아간 거리가 원하는 지점보다 짧거나 너무 멀리 갔을 때는 ‘미스 샷’이라고 합니다.”

“잘못 쳤다는 뜻이군요?”

“맞습니다. 지금까지 바비와 어머님은 아이언 클럽 7번으로만 연습을 하셨는데요. 골프 클럽은 여러 개가 있다고 했지요?”

“네, 우드, 아이언, 피칭웨지, 샌드웨지, 퍼터 모두 14개가 있다고 하셨어요.”

"잘 알고 있군요. 왜 이렇게 클럽이 여러 개가 있느냐 하면, 원하는 거리, 공이 놓여있는 상태, 또 헤저드라고 해서 앞에 장애물이 있을 때 등, 상황에 따라 알맞은 클럽을 사용해야 하기 때문입니다."

"클럽의 길이가 길면 공이 멀리 날아가고, 클럽의 길이가 짧으면 거리도 짧지만 로프트각도가 커서 공이 높이 떠오른다고 하셨어요."

"허허, 잊어버리지 않았군요. 그러한 특징들에 따라 샷을 하는 방법에도 차이가 있다는 것을 알아야 합니다. 이를테면, 클럽의 길이가 길수록 공을 조금씩 왼발 쪽으로 놓는다거나, 클럽의 길이가 길수록 스탠스를 조금씩 넓게 잡아야 한다는 것은 이미 설명했을 겁니다."

"네, 말씀하셨어요."

"또 클럽의 길이가 길어질수록 거리는 많이 나가지만 스윙이 어렵습니다. 클럽 헤드의 페이스에 정확하게 맞추기도 어렵고 각도가 작아지기 때문에 빗맞기 쉬워요. 뿐만 아니라, 우드 클럽과 아이언 클럽에도 샷하는 방법의 차이가 있어요."

"어머, 그래요?"

"그럼 여러 가지 클럽을 모두 연습해야겠군요."

"허허, 그렇습니다."

"그걸 모두 언제 연습하나요?"

"그걸 모두 익혀야 필드에 나갈 수 있나요?"

"허허, 원칙적으로 그렇습니다. 또 클럽마다 공이 날아가는 거리가 대개 일정하게 정해져 있습니다. 예를 들어 지금 바비하고 어머님이 연습하고 있는 아이언 클럽 7번은 선수가 아닌 아마추어 어른들의 경우, 약 130미터를 날아가야 정상입니다. 물론 골프를 한 경력이나 실력에 따라 더 나가기도 하고, 덜 나가기도 합니다."

"어휴, 다른 클럽은요?"

"클럽 번호가 하나씩 낮아질수록 대략 10미터쯤 더 멀리 갑니다. 가령 아이언 6번은 약 140미터, 아이언 5번은 150미터, 이렇게."

"선생님, 어린이인 저도 그렇게 멀리 날려 보내야 하나요?"

바비가 걱정이 되어 선생님에게 물었다.

"아닙니다. 어린이의 경우는 조금 다릅니다. 우선 클럽의 길이를 자기 키에 맞게 줄였잖아요? 그러니까 공이 날아가는 비거리도 훨씬 짧습니다."

"그럼 공이 날아가는 거리를 어떻게 알 수 있어요?"

"연습을 통해서, 또 필드에서 직접 쳐보면서 아이언 몇 번 클럽으로 쳤을 때 얼마만큼 날아가는지 미리 알아둬야 합니다."

"어휴, 그걸 어떻게 다 외워요?"

"허허, 너무 어렵게 생각할 거 없습니다. 클럽의 길이가 중간이라고 할 수 있는 아이언 7번만 알아두면 되잖아요? 그래서 아이언 7번이 평균 100미터를 날아간다면 아이언 6번은 약 110미터, 이렇게 대략 10미터 정도의 차이가 있다는 것만 알면 돼요. 아, 어린이는 차이가 있겠군요. 대략 7~8미터의 차이가 있다고 계산하면 되잖아요?"

"그렇군요."

"아무튼 필드에 나가려면 여러 골프채를 가지고 연습을 많이 해야겠네요?"

"물론입니다. 하지만 스윙의 요령은 모두 같기 때문에 너무 어렵게 생각할 필요는 없습니다. 샷의 감각만 잘 익히면 되니까요."

"그럴까요?"

엄마도 걱정이 되는 모양이었다. 그런데 선생님은 더 한층 걱정되는 이야기를 했다.

"그뿐이 아닙니다. 공이 비탈진 언덕에 떨어졌을 때, 자기 발보다 높은 곳에 떨어졌을 때, 또 발보다 낮은 위치에 떨어졌을 때, 모두 샷하는 방법이 다릅니다. 또 있어요. 러프라고 해서 수풀 속에 떨어졌을 때, 벙커라고 하는 모래 구덩이에 떨어졌을 때, 모두 샷하는 방법이 다르거든요."

"어휴, 못할 것 같은데요. 그걸 언제 다 배워요? 선생님."

"허허, 내가 너무 겁을 줬나? 하지만 너무 염려하지 말아요. 누구라도 그 많은 것을 한꺼번에 배울 수는 없으니까요. 그런 것들은 필드에 직접 나가서 배우고 익혀야 할 것들입니다. 또 초보자가 그런 샷을 모두 익히기란 거의 불가능합니다. 경력과 실력이 쌓일수록 하나, 하나 해낼 수 있게 되는 겁니다."

"휴우, 조금 안심이 되네요."

"선생님, 그럼 지금 저희가 샷에서 배워야 할 것은 무엇인가요?"

"아까 말씀 드린 대로, 우선 아이언 클럽부터 샷 연습을 해봅시다. 지금까지 아이언 7번으로 연습했으니까, 이번에는 아이언 5번으로 샷 연습을 하면서 어떤 차이가 있는지 알아보도록 하세요."

"알겠습니다."

선생님의 지시대로 바비와 엄마는 아이언 클럽 5번으로 연습

을 시작했다. 스윙하는 요령은 모두 같다고 선생님이 말했지만 7번으로 연습할 때와는 많은 차이가 있었다. 골프채의 길이가 조금 길어졌는데도 스윙이 흔들리는 것 같았다. 골프채의 무게도 조금 더 무겁게 느껴졌다. 뿐만 아니라, 페이스의 각도가 작아지다보니 공이 낮게 날아가고 자꾸 빗맞았다. 연습을 지켜보던 선생님이 웃었다.

"그것 보세요. 틀림없이 차이가 있죠?"

"네, 선생님."

"공이 낮게 날아가는 것은 페이스의 각도가 작으니까 당연한 겁니다. 그래서 낮게 멀리 날아 가는 거예요."

"클럽의 무게도 조금 더 무거운 것 같아요."

"사실 무게는 큰 차이가 없지만, 길이가 7번보다 길기 때문에 스윙이 불편해져서 그런 느낌이 드는 거예요."

"그럼 스윙을 어떻게 해야 해요?"

"클럽의 길이가 길수록, 그만큼 앞에 놓여있는 공으로부터 뒤로 물러서게 되는데요. 그리고 스탠스도 조금 더 넓게 잡고 공의 위치도 7번보다 약간 왼쪽으로 놓으라고 했지요?"

"네."

"클럽의 길이가 길수록 그만큼 헤드가 그려내는 아치, 즉 원이 더 커집니다. 따라서 스윙도 좀 더 크게 하고 힘 있게 해야 합니다. 그래서 공이 멀리 나가는 거예요."

마치 새롭게 연습을 하는 것 같았다. 선생님은 아이언 7번과 5번은 큰 차이는 없다고 했지만, 바비에게는 훨씬 힘들게 느껴졌다. 엄마도 구슬땀을 흘리고 있었다.

며칠 동안을 아이언 5번으로 연습하고 나자, 어느 정도 익숙해졌다. 역시 연습밖에 없었다. 연습이 최고였다. 아이언 5번이 손에 익숙해지자, 선생님은 아이언 3번으로 쳐보라고 했다.

훨씬 치기 힘들었다. 아이언 3번은 각도가 거의 없어 페이스가 직각에 가깝기 때문에 페이스에 정확히 맞추는 것이 무엇보다 힘들었다. 그러나 제대로 맞기만 하면 공이 날아가는 거리는 7번과는 비교할 수 없을 정도로 멀리 날아갔다. 힘들지만 통쾌한 기분이 들었다.

이제 바비와 엄마는 아이언 3번, 5번, 7번을 번갈아 가며 연습하게 되었다. 그리고 아이언 4번, 6번은 5번이나 7번과 큰 차이가 없기 때문에 나중에 연습하기로 하고 아이언 9번을 연습했다.

아이언 9번은 각도가 크기 때문에 공이 멀리 가기보다 많이 떠 오르는 클럽이다. 마치 공을 퍼 올리는 느낌이었다. 클럽의 번호가 높을수록 스탠스를 좁게 잡고 공을 오른발 가까이에 놓는 것도 잊지 않았다. 그렇게해서 아이언 클럽을 웬만큼 연습하고 나자, 레슨코치 선생님이 몇 가지 도움되는 말을 해주었다.

"아이언 클럽은 골프채가 다소 무겁지만, 그 대신 정확한 것이 특징입니다. 거듭해서 말씀을 드렸지만 정확한 샷을 하려면 머리와 몸의 상체가 움직이지 말아야 합니다. 머리나 몸이 흔들리면 공을 때리는 임팩트가 정확할 수가 없어요. 상체가 조금만 위로 들리면 공의 윗부분만 때리게 돼, 공이 떠서 날아가지 않고 굴러갑니다. 이것을 공의 윗부분을 때린다고 해서 '토핑' 이라고 합니다. 당연히 비거리도 형편없이 줄어듭니다."

"아, 맞아요. 그런 경우가 많았어요. 상체가 나도 모르게 위로 들려서 그렇군요."

"백스윙을 하다보면 골프채를 들어 올리는데 열중해서 자기도 모르게 상체가 약간 들리게 됩니다. 초보자들은 특히 이 점에 주의해야 하거든요."

"선생님, 또 공을 정확히 맞추지 못하고 땅을 치게 되는 경우가 있거든요."

"네, 그것 역시 초보자들에게 많이 일어나는 미스 샷입니다. 흔히 '뒷땅 치기' 라고 하는데요. 공의 윗부분을 때릴 때와는 반대로 다운스윙을 할 때, 무릎을 너무 구부리거나 하체가 약간

주저앉으면 뒷땅을 치게 됩니다."

"아무튼 머리나 몸을 절대로 움직이지 말아야겠군요?"

"그렇습니다. 많은 연습을 통해서 올바른 자세에 몸이 익숙해져야 합니다."

"바비보다 제가 미스 샷이 더 많은 것 같아요. 왜 그럴까요?"

바비 엄마가 선생님한테 하소연을 했다.

"허허, 어른들은 근육이 많이 굳어 있어서 그렇습니다. 어린이들은 몸도 유연하고 근육이 굳어있지 않기 때문에 어른보다 오히려 선생님의 지시를 잘 받아들이거든요."

"아무래도 바비가 저보다 골프를 더 잘할 것 같아요."

"허허, 그래도 다른 어머님들보다는 아주 빠른 편입니다."

"정말요?"

바비 엄마는 무척 좋아했다.

2) 드라이버

필드에 나가서 직접 골프 게임을 체험할 수 있는 날짜가 가까이 다가오자, 선생님은 골프 게임에서 사용하게 될 클럽들을 조금 서둘러 연습시켰다. 아이언 클럽은 그런대로 연습을 많이 했기 때문에, 이번에는 우드 클럽들의 사용법을 설명했다.

"우드 클럽은 다섯 개가 있습니다. 그리고 우드 1번은 드라이버, 2번은 브라시, 3번은 스푼 이렇게 모두 이름이 있습니다. 하지만 골프 게임에서 사용할 수 있는 클럽의 숫자가 14개로 제한되어 있기 때문에, 우드 클럽은 보통 1번, 3번, 5번을 갖추게 되는데요. 아마추어는 1번과 3번만 갖추어도 충분합니다."

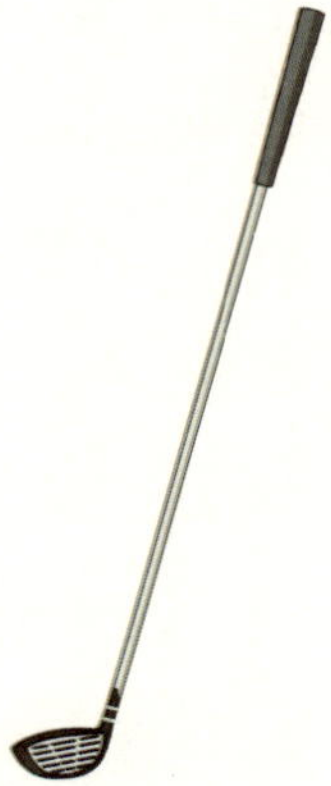
드라이버

"우드 클럽은 언제 사용하는 거예요?"

"공이 놓여 있는 상태에 따라 차이가 있기는 하지만, 기본적으로 공을 멀리 날려 보내야 할 때 사용합니다. 아이언 클럽은 헤드가 쇠로 되어 있고 얇지만, 우드 클럽은 헤드가 나무로 되어 있고 주먹처럼 뭉뚝하게 되어 있어서 공이 맞으면 멀리 날아가는 겁니다."

"아, 그렇구나. 생각보다 가벼운 것 같은데요? 선생님."

"맞습니다. 헤드가 나무로 되어 있어서 아이언 클럽보다 가볍습니다. 하지만 우드 클럽의 특징은 골프채의 길이가 길다는 거예요. 따라서 스윙하기가 아이언 클럽보다 어렵습니다."

"호호, 쉬운 게 없군요?"

"우드 클럽 가운데서도 반드시 필요한 것이 1번 드라이버입니다. 헤드가 제일 크고 샤프트의 길이가 가장 길어요."

"와아, 크다!"

"길이도 무척 길군요. 정말 스윙하기 힘들겠는데요?"

"그래도 생각보다 가벼워요, 엄마."

"이 드라이버는 비거리가 얼마나 돼요?"

"물론 개인차가 있지만, 어른들의 경우 제대로 잘 맞으면 보통 200미터 정도 날아갑니다."

"와아!"

"나중에 필드에 나가면 알게 되겠지만, 골프 코스는 18홀이 정규 코스입니다. 18홀에서 2~3개의 홀을 빼놓고는 거의 모두 드라이버를 사용해야 하기 때문에 아주 중요한 클럽입니다."

"홀마다 제일 처음에 사용하는 클럽이 드라이버죠?"

"그렇습니다. 예를 들어 홀의 길이가 350미터라고 하면, 첫 타를 되도록 멀리 보내야 하지 않겠습니까? 따라서 드라이버를 사용하게 되는 겁니다."

"스윙하는 방법은 마찬가지인가요? 선생님."

"그렇죠. 스윙의 원칙은 어떤 클럽이나 다를 바가 없어요. 그렇지만 어떻게 샷을 하는가는 클럽마다 약간의 차이가 있잖아

요? 특히 드라이버는 몇 가지 차이가 있습니다.”

“어떤 차이인가요?”

“먼저 필드에 나가면 알게 되겠지만, 매 홀마다 처음 샷을 하는 위치가 있습니다. 이곳을 ‘티잉그라운드’ 라고 하고요. 이곳에서 치는 첫 타를 ‘티샷’ 이라고 합니다. 드라이버는 각도가 아주 작기 때문에 공을 때리기가 어려워서 티펙이라고 하는 마치 큰 못처럼 생긴 것을 꽂고 그 위에 공을 올려놓고 칩니다.”

“어머, 그러면 훨씬 공을 때리기가 쉬울 것 같은데요, 아무데서나 티펙을 꽂아 놓고 공을 치면 안 되나요?”

“허허, 절대 안 됩니다. 티펙은 티잉그라운드에서만 사용할 수 있도록 되어 있습니다. 왜냐하면 이미 어느 지점에 떨어진 공을 절대로 건드릴 수가 없거든요. 공을 건드리면 벌칙을 받게 됩니다.”

“TV중계를 보니까 홀컵에 공을 넣기 전에 공을 손으로 건드리기도 하던데요?”

“아, 그 경우는 예외입니다. 그건 나중에 말씀드리죠.”

“선생님, 티잉그라운드가 아닌 다른 곳에서는 드라이버로 치면 안 되나요?”

“그렇지는 않습니다. 어디서나 모든 클럽을 사용할 수 있습니다. 하지만 티펙을 꽂을 수 없기 때문에 다른 지점에서는 사실 드라이버로 치기가 무척 어려워서 사용하지 않는 겁니다. 또 거리가 멀리 나가는 다른 우드 클럽이 있는데 굳이 드라이버로 칠 필요도 없고요."

"알았습니다."

"티잉그라운드에 서게 되면 초보자는 물론, 경력이 있는 사람들도 대부분 긴장을 하게 됩니다. 지나치게 긴장하면 몸이 경직돼서 좋은 샷을 할 수가 없습니다."

"왜 긴장해요?"

"무엇보다 멀리 쳐야 한다는 압박감이 있고, 또 티샷을 잘못 하게 되면 공이 떨어지는 위치가 나빠 두 번째 샷부터 모두 어렵거든요. 그래서 잘쳐야 한다는 부담감을 갖게 됩니다. 뿐만 아니라 함께 치는 사람들이 지켜보고 있어서 더욱 긴장되기 마련입니다."

"정말 그렇겠네요."

"따라서 긴장감을 풀기 위해 공을 보낼 방향과 거리를 가늠하고 나서 몇 번 연습 스윙을 하고 난 뒤에 샷을 하는 것이 좋습니다."

"그렇겠군요."

티펙의 높이

“그리고 티펙은 자기가 높이를 조절할 수 있거든요. 티펙을 깊이 꽂을 수도 있고 낮게 꽂을 수도 있습니다.”

“그러면 어느 정도 높이가 적당해요?”

“티펙 위에 올려 놓은 공의 높이가 클럽 헤드의 페이스 윗부분에 올 정도가 적당합니다.”

“다음, 스탠스는 자기 어깨 넓이보다 약간 넓게 벌리고, 왼발의 각도를 공을 날려 보낼 방향으로 약 25~30도쯤 벌립니다. 오른발도 그 정도 바깥쪽으로 벌려 주고요. 공을 놓는 위치는 왼발 뒤꿈치와 직선이 되는 지점에 놓는 것이 좋습니다.”

“스윙에서 주의할 점은 공을 멀리 보내야 하기 때문에, 다운스윙부터 힘차고 빨라야 합니다.”

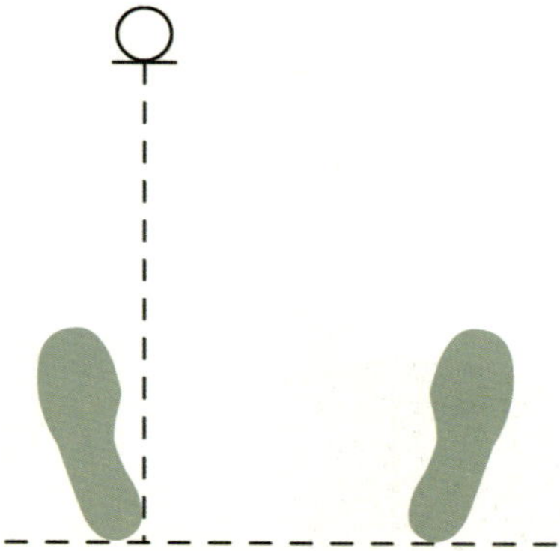

양발의 각도와 공을 놓는 위

"공을 강하게 때리라는 말씀이죠?"

"맞습니다. 다운스윙을 할 때 조심할 점은 오른 팔꿈치를 너무 허리에 바짝 붙이면 다운스윙을 빠르게 하다보니까 자기도 모르게 오른쪽 어깨가 밑으로 처지기 쉽습니다. 그러면 임팩트가 제대로 이루어질 수가 없어요."

"오른 쪽 팔꿈치를 너무 힘주어서 바짝 붙이지 말아야겠군요?"

"그렇습니다."

"다른 우드 클럽은 어때요?"

"스윙이나 샷을 하는 방법은 드라이버와 같습니다. 그렇지만 우드 3번이나 5번으로 티샷을 하지 않고 페어웨이, 즉 잔디에서 칠 때는 대부분 그린까지 아직 거리가 많이 남았을 때입니다. 따라서 강하게 스윙을 해야 하는데, 헤드가 가볍기 때문에 큰 스윙이 쉽지가 않거든요."

"그러면 어떻게 쳐야죠?"

"잔디가 오르막이거나 내리막 또는 움푹 파여 있는 위치에서는 사실상 우드로 치기가 어렵습니다. 판판한 잔디, 그리고 공이 잔디 위에 떠있듯이 놓여 있는 위치에서 거리가 많이 남았을 때 우드 3, 4, 5번을 주로 사용해요."

"잘 알았어요, 선생님."

"자, 그럼 오늘부터 우드 클럽을 연습해 보세요."

새로운 기술을 배운다는 것은 역시 즐거운 일이다. 바비와 엄마는 이제 골프에 대해서 제법 많이 배웠다는 생각이 들었다. 그래서 더욱 열심히 연습했다. 새롭게 대하는 우드 클럽은 쉽지 않았다. 선생님은 특히 드라이버를 많이 연습하라고 했다. 골프채 길이가 길기 때문에 스윙도 크게 해야 하고, 힘있게 휘두르는 스윙이 만만치 않았다.

그렇지만 어느 정도 익숙해지자, 바비의 드라이버 샷이 총알같이 멀리 날아가기 시작했다. 옆에서 보기에도 아주 시원하게 날아갔다.

"어휴, 초등학생이 제법인데?"

"나보다 더 잘 치는 것 같은데?"

"초등학생이 드라이버를 저렇게 잘 치다니!"

주변에 어른들도 박수를 보냈다. 그 모습을 보고 다솜이가 나타났다. 어지간히 놀라는 눈치였다.

"호호. 바비, 너 정말 많이 늘었는데?

"고마워."

"그렇지만 필드에 나가면 나를 못 당할걸. 난 벌써 필드에 한 번 다녀왔는데 선생님이 잘 친다고 칭찬하셨거든. 난 얼마 있으면 또 필드에 나갈 거야."

다솜이는 바비를 약 올리며 말했다.

바비는 은근히 기분이 나빴다. 엄마는 신경 쓰지 말라고 했지만 기분이 나쁜 것은 피할 수가 없었다. 저녁 식사를 마칠 때까지 바비는 마음이 편하지 않았다. 아빠가 걱정하며 물었다.

"바비야, 너 안색이 좋지 않구나? 어디 아프니? 아니면 무슨 일 있니?"

"아니에요, 아빠."

바비는 그렇게 대답했지만, 엄마가 다솜이에 대해서 자초지종을 말했다.

"허허, 그 다솜이라는 애가 시샘이 아주 많은 모양이다. 그

렇지?"

"제가 말씀드렸잖아요? 학교에서 모르는 아이가 없을 정도로 유명한 말썽꾸러기라고요."

브라보도 엄마를 거들고 나섰다.

"어디에나 그런 애가 있어. 바비야, 너무 신경 쓰지마."

"그래도 자꾸 화가 나는 걸 어떡해요?"

"어쩌면 다솜이가 바비하고 함께 필드에 나가게 될 지도 모르겠어요."

엄마가 걱정스러워 했다.

"선생님이 그러셨소?"

"아니요. 다솜이가 제 입으로 자기도 머지않아 필드에 나갈 거라고 하던 걸요."

"그 애하고 같이 가기 싫어요."

"허허, 바비 기분은 알겠는데, 다솜이라는 아이를 너무 의식할 필요 없다니까. 아빠가 골프는 정신력이 가장 중요한 운동이라고 그랬지?"

"네."

"마음을 편하게 가져야 골프를 잘 칠 수 있는 거야. 좀 어려운 말로 '평정심' 이라고 하거든. 마음이 흔들리면 안 된단 말야."

"아빠 말씀이 맞는 것 같다. 바비야, 평정심을 가져야 돼."

"더구나 골프는 자기 혼자서 하는 경기잖아?"

"알아요."

"혹시 다솜이하고 함께 필드에 나가게 되더라도 그 애한테 신경 쓰지 말고 자기 게임만 열심히 하면 되는 거야. 그 애가 너보다 잘 한다고 시샘하거나 어떻게 해서든지 그 애를 이기려고 하다보면 게임이 집중이 안 되고 마음이 흔들리게 돼."

"알았어요. 아빠, 너무 걱정하지 마세요."

바비는 아빠의 말씀을 명심하겠다고 생각했지만, 만일 다솜이와 함께 필드에 나가게 된다면 반드시 이기고 싶었다.

(3) 어프로치샷

레슨코치 선생님과 약속한 필드에 나가는 날이 일주일 앞으로 다가왔다.

선생님은 조심스럽게 말씀하셨다.

"필드에 나가기 전에 알아둬야 할 기술들이 아직 많이 남아있어요. 예를 들어 트러블샷이라고 해서, 벙커샷, 오르막 경사에서의 샷, 내리막 경사에서의 샷을 하는 방법 등 여러 가지가 있죠. 하지만 그러한 것들은 직접 필드에서 익혀야 할 기술 들

입니다.”

“그런 샷들은 연습장에서는 안 해도 되죠?”

“안 해도 된다기보다 한꺼번에 다할 수는 없어요. 필드에 자주 나가면서 익혀나가야 해요.”

“그럼 이제 지금까지 배운 것만 열심히 연습하면 될까요?”

“아닙니다. 아직 꼭 익혀야 할 중요한 기술들이 좀 남아 있습니다.”

“어떤 건가요?”

“어프로치샷과 퍼팅입니다. 어프로치샷은 홀컵이 있는 그린 가까이에서 필요한 샷이고요. 퍼팅은 그린에서 공을 홀컵에 넣는 것을 말합니다.”

“어려운 기술인가요? 선생님.”

“골프에서 처음부터 쉬운 기술은 없어요. 모두 끊임없이 연습해야 숙달되는 기술들입니다.”

“그럼 저희들이 필드에 나갈 수 있을까요?”

“누구라도 처음 필드에 나가서 잘 칠 수는 없습니다. 실제로 잔디에서 치는 것은 연습장과는 큰 차이가 있어요. 또 홀컵까지의 거리도 무척 멀게 느껴지고, 여러 장애물도 있고, 툭하면 빗맞아 엉뚱한 곳에 공이 떨어지고 어려움이 많습니다. 하지만 필드를 직접 체험하는 것도 골프를 배우는 데 아주 중요한 과정이에요. 필드에 나가봐야 골프 실력이 좀 더 빨리 늘어납니다."

"선생님, 빨리 어프로치샷부터 가르쳐 주세요."

"어프로치샷은 말씀드린 대로 홀컵이 있는 그린 가까운 위치에서 공을 그린에 올리거나 직접 홀컵에 공을 넣을 때 사용하는 샷입니다. 거리가 짧은 위치에서 공을 치기 때문에 공을 멀리 보내는 것보다 정확한 지점에 떨어뜨리는 것이 중요합니다."

"그러면 클럽도 길이가 짧은 클럽을 사용하겠군요?"

"물론입니다. 대개 각도가 큰 피칭웨지를 사용합니다. 어프로치샷에는 보통 세 가지 방법이 있는데요. 피치샷, 피치앤드런, 러닝이 그것입니다."

"어떻게 다른가요?"

"홀컵이 있는 그린은 대개 주변보다 좀 높은 곳에 만들어져 있습니다. 또 그린 주변에는 갖가지 장애물이 있거나 잔디나 풀이 크게 자라나 있거든요. 따라서 피치샷은 그린보다 낮은 위치에서 공을 높이 띄어 그린에 올리거나 직접 홀컵에 넣는 방법입니다. 거리보다 정확성이 아주 중요하죠."

"다음 피치앤드런은 뭐예요?"

"피치앤드런은 홀컵이 그린의 끝자락에 있을 때, 피칭웨지를

이용해서 공을 약간만 띄어 올리면서 공이 홀컵을 향해 굴러가게 하는 샷입니다. 그리고 러닝은 그린이 공의 위치보다 낮은 지점에 있거나 높이가 같은 지점에 놓여있을 때, 공을 띄어 올리기보다 홀컵까지 굴러가게 하는 샷입니다."

"그건 역시 필드에 나가 봐야겠군요."

"그렇습니다. 하지만 연습장에서도 얼마든지 연습을 할 수 있습니다."

"샷을 하는 방법을 가르쳐 주세요."

"피칭웨지를 들어 보세요. 공이 크게 자란 풀 속에 떨어져 있을 때는 각도가 아주 큰 샌드웨지를 사용해도 괜찮습니다."

"피칭웨지는 정말 길이가 짧고 각도가 무척 큰 것 같아요."

"맞습니다. 또한 공을 멀리 날려 보내려는 것이 아니기 때문에 '풀스윙' 즉 스윙을 완전하고 크게 할 필요가 없고 또 강하게 칠 필요가 없습니다. 홀컵까지의 거리를 잘 계산해서 공이 그만큼만 가도록 살짝 치거나 조금만 힘을 주어서 치면 되죠."

"그러니까 스윙을 반쯤만 하거나, 시계추가 움직이는 폭만큼만 움직여도 되겠네요?"

"그렇죠. 그러자면 스탠스는 아주 좁게 잡아야 합니다. 경우에 따라서는 두발을 붙이고 치기도 합니다. 공의 위치는 약간

어프로치샷의 자세

왼발 가까이에 있는 것이 좋습니다."

"연습해 보고 싶어요, 선생님."

"해보세요. 오늘과 내일은 어프로치샷만 연습해 보세요. 역시 몸에서 힘을 빼야 합니다."

쉬운 것은 아무것도 없다

퍼팅

정말 쉬운 것은 아무것도 없었다. 레슨코치 선생님의 지적을 받아가며, 바비와 엄마는 부지런히 어프로치샷을 연습했다. 이제 필드에 나갈 날도 며칠 남지 않았다. 바비는 공연히 마음이 초조해지고 긴장되었다.

"자, 이제 마지막으로 퍼팅을 연습해 봅시다. 알다시피 퍼팅이란 그린 위에서 퍼터를 이용해서 공을 홀컵에 집어넣는 것입니다. 지금 바비와 어머님이 들고 있는 클럽이 퍼터입니다. 다른 클럽과는 차이가 많죠?"

"네, 그러네요. 우선 길이가 아주 짧고요. 헤드가 직사각형으로 금속으로 되어 있는데요?"

"그리고 그립도 좀 다른데요? 제 퍼터는 그립이 둥글지 않고 사각형으로 되어 있어요."

엄마도 퍼터가 이상한 듯 선생님에게 물었다.

"선생님, 제 퍼터는 둥글기는 하지만 손가락을 놓는 자리는 평평하게 다듬어져 있는 것 같아요."

"허허, 퍼터에는 여러 종류가 있습니다. 퍼터는 스윙을 해서 공을 때리는 것이 아니라, 홀컵을 향해 공을 살짝 밀어 주거나, 역시 홀컵을 향해 공이 굴러가도록 하는 것이 목적입니다. 따라서 홀컵과 공이 놓여있는 거리를 정확히 계산해서 아주 정교하고 세밀하게 공을 밀어줘야 해요. 때문에 퍼터가 흔들리지 않도록 하기 위해서 그립에도 여러 가지 형태가 있습니다."

"아, 그렇구나."

"또한 그린은 얼핏 보기에는 평평한 것 같지만, 사실은 굴곡을 많이 만들어 놓은 곳입니다. 말하자면 경사가 많은데 이것을 라이라고 하거든요."

"아, 골프 경기를 할 때 선수들이 그린에서 몸을 숙이거나 쭈그리고 앉아서 홀

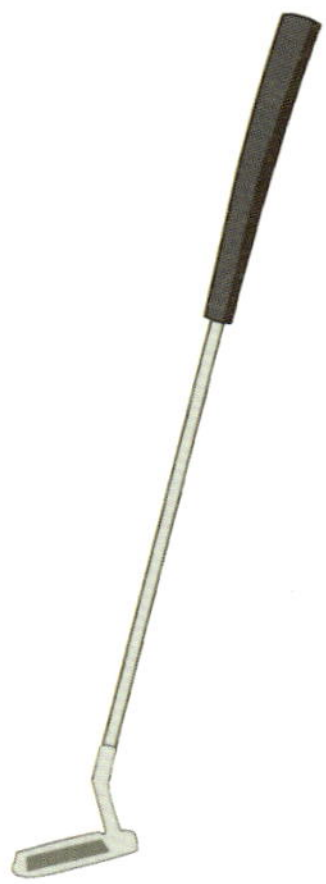

퍼터

컵 쪽을 노려보는 것이 '라이'를 보는 거군요?"

"맞습니다. 때로는 퍼터를 세워서 어느 쪽으로 얼마나 기울었나, 또 홀컵까지 오르막 경사인가, 내리막 경사인가를 살펴보는 겁니다."

"오르막 경사라면 조금 힘을 줘서 쳐야 하고, 내리막 경사라면 공을 살짝 건드려도 많이 굴러가나요?"

"그렇습니다."

"퍼터의 그립을 잡는 방법은 다른 클럽과 어떻게 다른가요?"

"퍼터의 그립을 잡는 방법은 우드나 아이언 클럽의 그립과는 다릅니다. 또한 그립을 잡는 방법에도 여러 종류가 있지만, 그것을 다 설명할 필요는 없을 것 같고요. 가장 흔하게 사용하는 퍼터 그립을 알려 드리겠습니다."

"네, 알려주세요. 선생님."

"먼저 왼손으로 그립을 잡고 엄지손가락을 편편한 면에 나란히 놓습니다. 그 다음 오른손 엄지손가락을 나란히 덮습니다."

"왼손 엄지손가락을 덮으라는 말씀이죠?"

"그렇습니다. 그 다음 양손바닥은 서로 마주보게 하고, 왼손 둘째손가락은 곧게 펴서 퍼터에 대주면 됩니다. 설명은 어려운 것 같아도 실제로 잡아보면 별로 어렵지 않습니다. 한번 잡아

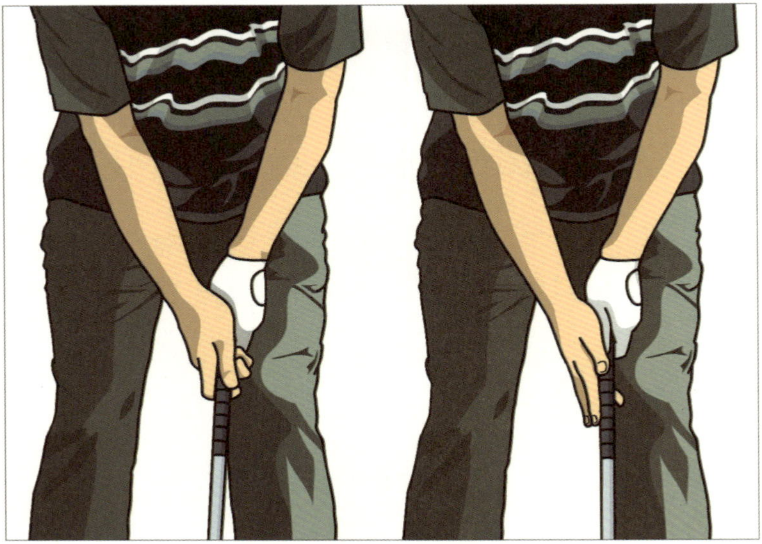

퍼터의 그립을 잡는 방법

보세요."

"됐어요? 선생님."

"맞아요. 그렇게 잡으면 됩니다."

"별로 어렵지 않군요."

"어렵지 않아요. 한 번만 설명을 듣고 실제로 잡아보면 됩니다. 그리고 퍼터는 대개 길이가 짧기 때문에 수직으로 세울 수가 있습니다. 양 어깨와 두 팔의 힘을 빼고, 퍼터를 양옆으로 시계추처럼 흔들어 보세요."

"스탠스는 어떻게 해요?"

퍼팅의 자세

"자기 어깨 넓이 또는 어깨 넓이보다 조금 작게 잡는 것이 좋습니다. 공은 두 발의 가운데 있는 것이 좋습니다. 저 쪽에 홀컵을 만들어 놓았죠? 거기 가서 홀컵과의 거리에 따라 강약을 조절하며 퍼팅 연습을 해보세요."

세계 주니어
골프 선수권대회
네, 권위를 자랑하는 이 대회에는 우리나라에서 골프 신동으로 불리는 어린 소녀 바비가 참가하고 있습니다.
이 자리에 바비 아빠, 엄마가 와 계시는데요.
바비는 성격이 침착하기 때문에 흔들리지 않고 좋은 경기를 할 것으로 기대합니다.
국민 여러분, 많은 성원을 부탁드립니다.

한국의 바비 양이
티업을 준비하고
있습니다.
네, 이 경기를
현지에서 전국에
생중계해 드리겠습니다
타앗
휙
오우~
툭
네, 놀랍습니다.
첫 타에 곧바로 그린에 올렸습니다.
마치 타이거 우즈의 어린 시절을
보는 것 같습니다.
와
와

툭
투
캉
와
와
네, 이글입니다!
파4 홀을 2타 만에
넣었습니다.
과연 골프 신동입니다.
와
와
와

바비, 파이팅!
다솜아, 바비가 너보다 골프를 늦게 배웠다며?
말 걸지 마. 나 지금 화났어.
타앗
휙
원더풀!
와
와
지금 이곳에는 한국 바비 선수의 어머니가 나와 있는데요. 바비 선수가 저렇게 잘 치는 비결이 어디 있습니까?
골프의 기초를 확실하게 익혔고요. 연습을 열심히 한 것이 비결이라고 할까요?

파악
툭
데구르르
딸캉
네, 한국의 바비 선수가 또 버디를 잡았습니다. 어려운 벙커샷도 손쉽게 쳐냈습니다.
와
와
와
와

네, 오늘 첫 라운드가 방금 끝났는데요. 우리나라의 바비 선수가 선두입니다. 1위를 달리고 있습니다.
와
브라보!
브라보야, 축하한다!
바비, 파이팅!
형설초등학교 만세!
와
와
와
와
와
찰칵
찰칵

째깍
째깍
Z Z Z
쿨쿨
야, 바비야, 지각하겠다.
빨리 일어나!
팟
꿈?
벌떡
왜 그렇게 멍하니
앉아 있니?
너 꿈꿨니?
나, 더 자야 돼.
휙
아니, 오늘 아침
바비가 왜 저래?
꿈아,
제발 계속해 다오!

하이마트

4

필드에 나가기

필드에 나가기 하루 전날

드디어 꿈에도 그리던 필드에 나가는 날이 하루 앞으로 다가왔다. 바비와 엄마는 한껏 기대에 부풀어 가슴이 마구 두근거릴 지경이었다. 마치 내일 해외여행이라도 떠나는 기분이었다.

“자, 오늘 연습은 아이언 클럽, 우드 클럽, 웨지, 퍼터까지 골고루 조금씩 연습을 해보세요. 지금까지 연습해 온 감각을 잊지 않도록 하고, 특히 스윙 자세가 흐트러지지 않도록 조심하면서 연습하기 바랍니다.”

하지만 두 사람은 마음이 들떠 있는 탓인지 연습에 집중하기가 힘들었다. 바비와 엄마는 서로 격려하며 흔들리는 마음을 어렵게 추스르며 그럭저럭 연습을 마칠 수가 있었다.

"바비하고 어머님은 바비 아빠와 브라보가 캐디를 해주시겠다고 하셨나요?"

"네."

"잘됐습니다. 바비 아버님이 골프를 잘 아시니까, 제가 긴 설명을 하지 않아도 될 것 같습니다. 필드에서 유의할 점들을 아버님께서 그때, 그때 설명해 주실 겁니다."

"선생님도 같이 가시는 건가요?"

"물론입니다. 제가 함께 따라 다니면서, 여러 가지 지도를 할 겁니다."

"내일 필드에는 누구, 누구 가나요?"

"저희 연습장에서 네 명이 함께 갑니다. 바비, 바비 어머님 그리고 다솜이, 또 한 명의 아주머니가 계십니다."

"다솜이도 가는군요?"

"그렇습니다. 하지만 마음에 부담은 가질 필요가 없습니다. 골프는 혼자서 하는 경기잖아요? 자신의 플레이에만 충실하면 되는 거예요."

선생님은 그렇게 말했지만 바비는 아무래도 마음속에 부담이 되지 않을 수가 없었다.

"자, 이것은 내일 필드에 나갈 때 필요한 준비 사항들과 필드

에서 플레이를 할 때 알아두어야 할 용어들입니다. 준비물 빠트리지 말고 용어들을 잘 익히고 내일 아침에 늦지 않게 연습장 앞으로 나오시기 바랍니다."

"고맙습니다."

바비와 엄마는 선생님이 준 프린트 용지를 들고 집으로 돌아왔다.

"다솜이도 같이 가는 게 기분 나빠요."

"선생님이 신경 쓰지 말라고 하셨잖아? 다솜이하고 경쟁할 필요 없어. 너만 열심히 하면 되는 거야."

엄마도 선생님과 똑같은 말을 하며 평정심을 잃지 말라고 했지만, 바비는 마음속으로 꼭 다솜이를 이기고 말겠다고 다짐했다. 토요일이어서 출근하지 않았지만 외출했던 아빠가 돌아왔다.

"내일 필드에 나가는 것 맞지?"

"네, 아빠."

"선생님이 무슨 말씀을 하셨니?"

"이걸 주셨어요. 준비 사항들과 필드에서 필요한 용어들이 적혀 있어요."

"아, 그래? 그러면 엄마하고 먼저 그걸 잘 살펴보고 나서 아빠하고 얘기하자."

"네, 알았어요."

바비와 엄마는 식탁에 앉아서 선생님이 나눠주신 프린트 용지를 살펴보기 시작했다. 시간을 꼭 지킬 것과 플레이할 때 입을 복장에 대한 설명이 나와 있었고, 여러 가지 준비물이 기록되어 있었다.

필드에 나갈 때의 준비물

골프백클럽14개까지, 골프공여러 개 준비하는 것이 좋다, 티펙5개 정도, 골프화, 골프 장갑, 마크동전을 사용해도 괜찮다, 모자, 생수, 타올, 우산 등

필드에서 알아두어야 할 골프용어

클럽 하우스 골프장의 휴게소. 골프장에 도착하면 이곳에서 접수도 하고 필요한 골프 용품을 구입할 수 있다. 또 골프 클럽이나 골프화 등을 대여할 수도 있다. 대개 이곳에 식당, 라커룸, 샤워장 등이 있다.

라커룸 대개 클럽 하우스 안에 있으며, 이곳에는 옷을 갈아입고 보관하는 탈의장, 경기를 끝내고 샤워를 할 수 있는 시설이 있다. 골프장에 도착하면 이곳에서 골프 복장으로 갈아입고 골프화, 모자, 장갑 등을 준비하고 골프장으로 나오게 된다.

티잉그라운드 각 홀마다 첫 타를 치는 위치가 정해져 있다. 이곳을 티잉그라운드라고 한다.

티마커 티잉그라운드에는 약간의 거리를 두고 두 개의 티마커가 설치되어 있다. 이 두 개의 마커를 일직선으로 연결한 가상의 선보다 앞쪽에 공을 놓고 샷을 할 수 없다. 약간 뒤쪽에 공을 놓아야 한다. 하지만 골프채의 길이 2개를 더한 것보다 더 뒤쪽에 놓아서도 안 된다. 보통 '마크' 라고도 한다.

티 티잉그라운드에서 첫타를 칠 때 공을 올려놓는 큰 못 모양으로 생긴 조그만 꼬챙이. '티펙' 이 정식 명칭이지만 흔히 '티' 라고 한다.

티업 티펙 또는 티에 골프공을 올려놓는 것을 뜻하지만, 일반적으로 골프 게임을 시작하는 것을 말한다.

파 각 홀마다 정해진 기준 타수가 있다. 이것을 '파' 라고 한다. 가령, '파4 홀' 이라면 골프공을 네 번 쳐서 홀컵에 넣게 되면 '파세이브' 또는 '이븐파' 라고 한다.

훅 샷을 했을 때 공이 왼쪽으로 휘어 나가는 것. 대개 클럽 페이스의 안쪽에 맞았을 때 '훅'이 발생한다.

슬라이스 샷을 했을 때 공이 바깥쪽, 즉 오른쪽으로 휘어나가는 것. 대개 클럽 페이스의 바깥쪽에 맞았을 때 '슬라이스'가 난다.

생크 샷을 했을 때 공이 빗맞아 제대로 날아가지 못하고 튕겨나가거나 조금 굴러가는 것. 말하자면 잘못 친 미스 샷을 뜻한다.

오비(OB) 아웃 오브 바운즈Out of Bounds의 약자. 정해진 코스 이외의 플레이 금지 구역을 말한다. 우거진 숲이나 나무가 많고 경사가 심한 지역이어서 플레이를 원만하게 할 수 없는 지역이다. 하지만 특히 티잉그라운드에서 드라이버로 강하게 스윙을 할 때, OB지역으로 공이 날아가는 경우가 자주 있다. 이럴 때 'OB가 났다'고 말한다. 정해진 벌타를 받고 다시 칠 수는있으나, 2벌타를 받기 때문에 첫 타가 3타가 된다.

페어웨이 각 홀마다 첫 타를 치는 티잉그라운드에서 그린에 이르기까지 잔디를 짧게 잘 다듬어 놓은 지역. 이곳에 공이 떨어져야 편안하게 원하는 샷을 할 수 있다.

헤저드 골프 코스에는 거의 매 홀마다 장애물을 설치해 놓았다. 이러한 장애물들을 '헤저드'라고 한다. 헤저드에는 여러 종류가 있다. 모래 구덩이인 '벙커'도 있고, 연못이나 개울 같은 '워터 헤저드'도 있으며 굵고 큰 나무와 같은 헤저드도 있다. 자연스러운 것들도 있지만 대부분 게임을 더욱 재미있게 하기 위해서 일부러 설치한 것들이다.

벙커 모래로 된 장애물. 낮은 모래 구덩이도 있고, 깊은 구덩이도 있다. 그린 주변이나 공이 많이 떨어지는 지점에 설치되어 있다. 벙커에서 샷을 할 때는 클럽의 헤드가 모래에 닿지 않은 상태에서 쳐야 하기 때문에 거리를 가늠하기 어렵고 초보자에게는 매우 어렵다.

홀인 티잉그라운드에서 샷을 한 공이 한 번에 홀컵에 들어가는 것. 골프하는 사람들에게는 큰 행운이 된다. 수십 년 동안 골프를 해도 한 번도 홀인원을 못 해볼 수 있고, 운이 좋으면 경력이 짧아도 홀인원을 할 수 있다. 비교적 거리가 짧은 '파3' 홀에서 가능하다.

그린 각 홀의 마지막 지점에 공이 들어가는 홀컵을 설치해 놓은 지역. 페어웨이보다 훨씬 짧고 잘 다듬어진 잔디가 고르게 깔려 있다. 연한 초록색을 띠고 있어 그린green이라고 한다. 하지만 눈에 잘 보이지 않는 여러 경사가 있다.

온 그린에 공을 올렸을 때, 온On 또는 '온 그린'이라고 한다. 보통 '파3' 홀에서는 한 번에 온 그린을 할 수 있다. 2타에 온 그린하면 '투 온'이라고 말한다.

핀 그린의 홀컵 위치를 표시하는 깃대. 홀컵에 세워져 있다. 플레이하는 사람들이 홀컵을 직접 볼 수 있으면 캐디가 핀을 빼놓는다.

홀컵 그린 안에 설치되어 있는 지름이 약 11센티미터쯤 되는 구멍홀. 이 홀컵에 공을 넣어야 그 홀의 플레이가 끝난다. 홀컵의 위치는 항상 고정되어 있는 것이 아니라, 수시로 위치를 바꾸기도 한다.

마크 티잉그라운드에서 공을 놓고 샷을 한 뒤에는 어느 지역에 떨어져도 공에 손을 대서는 안 된다. 다만 그린 위에서는 함께 플레이를 한 사람들이 친 공이 홀컵 가까이에 놓이기 때문에 다른 사람의 플레이에 방해가 되지 않도록 자기 공을 손으로 치울 수가 있다. 이 때, 자기 공의 위치를 표시하는 동전 따위의 표시를 공이 있던 자리에 놓게 되는데 이것을 '마크'라고 한다. 홀컵과 직선으로 반드시 공의 뒤쪽에 놓아야 한다.

버디 각 홀마다 정해져 있는 기준 타수보다 한타 적게 쳐서 홀컵에 넣었을 때 '버디' 라고 한다. 가령 '파4' 홀에서 3번에 넣었을 때 버디, 2번에 넣었다면 '이글' 이라고 한다.

이븐 각 홀마다 정해져 있는 기준 타수에 홀컵에 넣었을 때 '이븐' 또는 '이븐파' 라고 한다. 18홀 전체를 합친 기준 타수가 72타라면 72타에 플레이를 마쳤을 때도 '이븐파' 라고 한다.

보기 각 홀마다 정해져 있는 기준 타수보다 1타를 더 쳐서 홀컵에 넣었을 때 '보기' 라고 한다. 가령 '파4' 홀을 다섯 번에 넣었다면 '보기' 가 된다. 여섯 번에 넣었다면 '더블 보기', 일곱 번에 넣었다면 '트리플 보기' 라고 한다.

트러블샷 공이 벙커나 경사가 심한 곳에 떨어져 있거나 장애물 때문에 쉽게 쳐내기가 어려운 상태일 때, '트러블샷' 이라고 한다.

라이 그린의 경사를 가리키는 말이다. 편편해 보이는 그린에는 내리막 경사도 있고 오르막 경사도 있으며 굴곡도 있다. 이러한 '라이' 를 잘 살펴서 홀컵을 향해 퍼팅을 해야 한다. '라이' 를 살피는 행동을 '라이를 읽는다' 라고 한다.

스코어 카드 자신의 경기 내용을 기록하는 카드. 각 홀마다 몇 타에 넣었는지 기록하도록 되어 있다. 플레이를 시작하기 전에 골프장 측에서 스코어 카드를 제공한다. 스코어 기록은 자신이 직접하기 때문에 정직하게 기록해야 한다. 그래서 골프는 심판이 없는 신사적인 스포츠이다.

노터치 티잉그라운드에서 첫 타를 친 뒤에는 공이 어느 지역에 떨어져도 절대로 공을 건드려서는 안 된다. 따라서 '노터치' 라고 한다.

러프 페어웨이나 그린 주변의 잡초 지대. 풀의 길이가 길어서 러프에 공이 떨어지면 정확하게 쳐내기가 쉽지 않다.

드롭 샷을 한 공이 연못에 빠지거나 큰 나무나 바위 옆에 떨어져 도저히 더 이상 칠 수 없을 때, 벌타를 받고 다른 공으로 바꾸거나 공의 위치를 옮길 수 있다. 이 때 공이 떨어졌던 위치에서 팔을 벌려 손에 들고 있던 공을 떨어뜨려 새로운 위치를 정하게 되는데 이것을 '드롭'이라고 한다. 손에서 떨어진 공이 너무 많이 굴러 가거나, 역시 또 치기가 어려운 지점이면 다시 드롭을 한다.

라운드 골프 코스에서의 플레이를 라운드 또는 '라운딩'이라고 한다. 18홀 정규 코스의 절반인 9홀을 플레이했다면 '하프라운딩'이라고 한다.

라인 공이 놓인 지점에서 자기가 공을 날려 보낼 방향과 일직선으로 가상의 선을 머릿속에 그리며 거리를 가늠하고 헤저드가 있나, 없나를 살피게 되는데 이러한 가상의 선을 '라인'이라고 한다.

블라인드 각 홀은 다양한 모습으로 설계되어 있다. 어느 홀은 코스가 활처럼 휘어 있고 또 어떤 홀은 한쪽으로 완전히 굽어 있기도 하다. 따라서 자기가 친 공이 떨어진 지점에서 그린이나 페어웨이가 더 이상 안 보일 때가 있다. 이런 경우를 '블라인드'라고 한다.

비기너 골프를 시작한 지 얼마 안 된 초보자를 가리키는 말이다.

슬로프 스키장에서 스키를 타는 경사진 코스를 슬로프라고 하듯이, 골프 코스에도 비탈진 경사가 많다. 역시 이러한 경사를 '슬로프'라고 한다.

카트 골프 코스에서 다음 홀로 이동할 때 이용하는 간이형 소형 자동차를 카트라고 한다.

캐디 운반자라는 뜻으로 골프 코스에서 플레이하는 사람의 골프 클럽이 든 가방을 가지고 다니는 사람을 '캐디'라고 한다. 골프장마다 전문적인 캐디가 있으며 가방을 싣고 이동할 수 있는 소형 수레가 있다. 하지만 전문 캐디가 아니라도 누구든지 캐디 역할을 할 수 있으며, 자신이 직접 골프 클럽을 메고 다녀도 된다. 그러나 전문 캐디들은 그 골프 코스에 대해서 잘 알고 있기 때문에 거리나 헤저드 등에서 많은 자문을 받을 수 있다. 그에 따라 어떤 클럽으로 치라고 조언하기도 한다.

페널티 골프는 규칙이 엄격하기 때문에 규칙에 벗어났을 때는 실격 또는 벌타를 받는다. 이것을 '페널티'라고 한다.

갤러리 골프 경기를 구경하는 사람. 관중을 가리키는 말이다.

필드에 나가는 날

오늘은 일요일, 바비와 엄마가 손꼽아 기다리던 필드에 나가는 날이다. 어젯밤, 엄마와 함께 골프백을 비롯해서 준비물을 꼼꼼히 챙기고 나니까 어느새 밤이 깊었다. 바비는 가슴이 설레어 제대로 잠을 이루지도 못했다.

아빠가 어제 저녁에 골프장에서 지켜야할 에티켓이라든가, 골프장에서 알아두어야 할 용어들에 대해서도 자세히 설명을 해주었지만, 바비는 과연 잘 칠 수 있을지 걱정이 앞섰다. 더구나 다솜이도 함께 간다니, 정말 잘 치고 싶었다.

다행스럽게 아빠가 바비의 캐디를 하고, 브라보는 엄마의 캐디를 하기로 어제 저녁에 결정했다. 아빠가 곁에 있어 준다고 생각하니 한편으로는 마음이 든든했다.

아침 식사를 일찍 끝내고 아빠의 승용차로 연습장으로 향했다. 그곳에서 모두 함께 승합차를 타고 골프장으로 이동한다. 아빠는 긴장감을 풀어주려고 차 안에서 농담을 했다.

"허허, 어른들은 필드에 처음 나가는 날을 '머리 올리는 날'이라고 하지."

"머리 올리는 날? 그게 무슨 뜻이에요?"

엄마가 물었다.

"옛날에 결혼을 하면 첫날밤을 머리 올리는 날이라고 하지 않았소?"

"아, 그런 뜻인가요?"

"아빠, 골프장 가는 걸 왜 필드에 나간다고 해요?"

이번에는 브라보가 물었다.

"골프장이 필드로 돼 있으니까 그렇게 말하는 거야. 또 코스에 나간다고도 하거든. 모두 골프 연습장과 구별해서 하는 말이지. 골프를 한다면 대부분의 시간을 연습장에서 보내는 거잖아?"

연습장 앞에 이미 승합차가 기다리고 있었다. 다솜이도 벌써 나와 있었다.

"바비, 너 오늘 테이프 끊는구나? 난 두 번째야."

"그렇겠지. 넌 나보다 먼저 골프를 시작했잖아?"

"호호, 나한테 많이 배워라. 틀림없이 너보다는 내가 더 잘 칠 테니까."

"그렇겠지."

"바비야, 우리 내기할래? 지는 사람이 자장면 사기로 하자. 어때?"

"난 자신 없어."

레슨코치 선생님이 나왔다.

"자, 출발하겠습니다. 필드에 나갈 때는 시간을 철저하게 지켜야 하거든요."

달리는 차 안에서 선생님은 옆자리에 앉은 아빠에게 바비를 칭찬했다.

"바비가 아주 열심히 했습니다. 물론 어머님도 마찬가지구요. 연습을 열심히 하니까 실력이 하루가 다르게 부쩍 늘더군요."

"허허, 선생님께서 우리 바비를 잘 지도해 주신 덕분이죠."

다솜이가 못마땅한 표정을 지으며 창밖을 내다보고 있었다. 어느덧 골프장에 도착했다. 퍼블릭 코스였다. 퍼블릭 코스는 18홀로 된 정규 코스가 아니라 9홀짜리 코스로 누구나 쉽게 이용할 수 있는 골프장을 말한다. 모두 초보자들이 처음으로 필드에 나가는 것이기 때문에 선생님이 퍼블릭 코스를 선택했다고 이야기 했다.

숲이 아름답게 우거진 골프장 안으로 들어서니 가슴이 탁 트이는 것 같았다. 사방에 펼쳐진 푸른 잔디들이 더욱 가슴을 설레게 했다.

"아빠, 저기서 치는 거예요?"

"그렇지."

"와아, 멋져요."

"아빠, 골프장은 얼마나 넓은 거예요?"

"18홀 정규 코스는 거리가 보통 6킬로미터 내외거든. 골프를 치면서 라운딩을 마치려면 대개 네 시간 정도 걸리지. 여기는 하프 코스니까 그 절반 정도는 될 거야."

"와아, 맑은 공기를 마시면서 잔디를 걷고 운동을 하니, 건강에 아주 좋겠네요. 정말 골프를 시작하기를 잘한 것 같아요."

곧 선생님의 지시에 따라 라커룸에 들어가서 골프복으로 갈아입고 골프화를 신고 모자를 썼다. 그리고 다시 모였다.

"우리 팀이 티업하는 시간까지 30분 정도의 여유가 있습니다. 이 안에 있는 연습장으로 가서 간단한 체조로 몸을 풀고 스윙 연습을 해야 합니다. 따라 오세요."

골프장 안에도 연습장이 마련되어 있었다. 간단한 스트레칭

운동으로 몸을 풀고 연습을 시작했다. 드라이버, 아이언 클럽, 퍼팅, 모두 연습을 할 수 있었다. 실내 연습장과는 달리 코스나 다름없는 잔디에서 연습하니까 기분은 좋았지만 많은 차이가 있었다. 바비는 조금 당황스러웠다. 옆에서 지켜보던 아빠가 마음을 안정시켜 주었다.

"실내 연습장하고는 차이가 있지? 처음으로 천연 잔디에다 공을 놓고 치니까 공이 맞는 느낌도 다를 거야. 또 자칫하면 뒷땅을 치거나 토핑을 하게 되거든. 당황하지 말고 스윙 폼이 흔들리지 않도록 유지하는 것만 충실하면 돼. 특히 머리나 몸이 움직이지 않도록 주의하고. 알았지?"

"네, 아빠."

"그리고 여보, 퍼팅도 실내 연습장하고 다르거든. 여긴 천연 잔디야. 무엇보다 거리 감각을 잘 익히도록 해요. 퍼터를 얼마큼 움직였을 때, 어느 정도 굴러가나 그걸 잘 익혀요."

"알았어요."

바비는 공연히 가슴이 떨렸다. 드디어 정식으로 골프를 하는 것 같았다. 여러 사람들이 연습을 하고 있었고, 한쪽 편에서는 다솜이가 슬금슬금 바비의 연습을 지켜보고 있었다. 선생님이 다가왔다.

"우리 팀 티업 시간이 다됐습니다. 자, 1번 홀로 이동합니다."

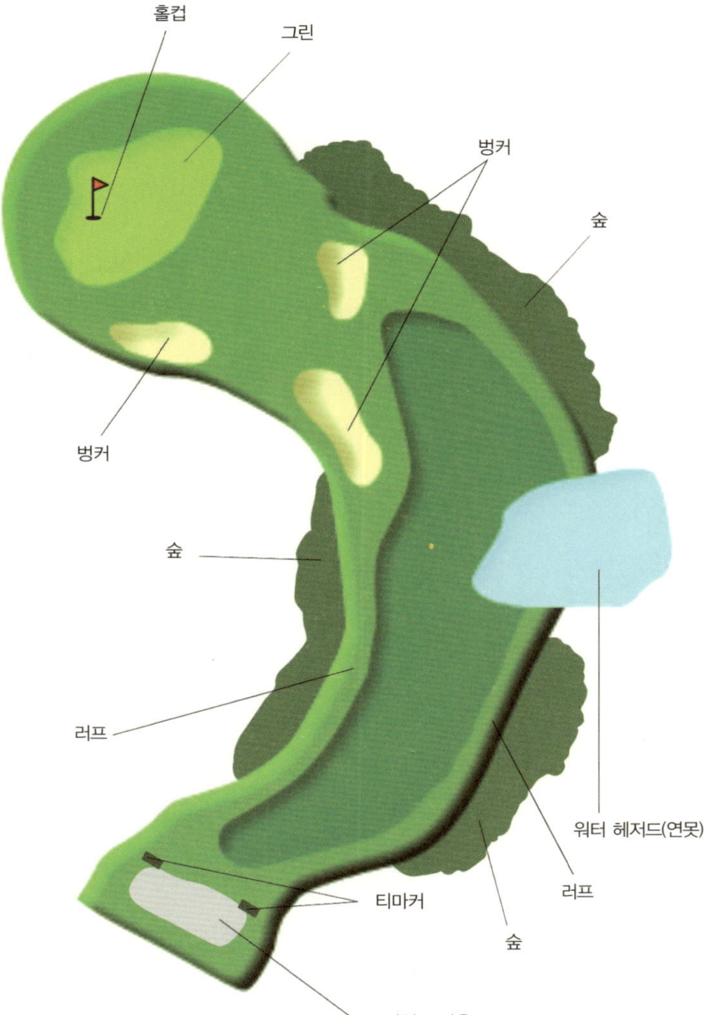

어느 골프 코스의 모습

바비가 코스에 나섰다

1번 홀로 이동하면서 바비의 가슴이 마구 떨렸다. 엄마도 조금 떨리는지 바비의 손을 꼭 잡았다.

"정규 코스는 18홀이라고 그랬지?"

"네."

"홀은 숏홀, 미들홀, 롱홀로 짜여 있거든. 비율은 미들홀이 열 개, 숏홀과 롱홀이 각각 네 개씩 합쳐서 18홀이야. 숏홀은 파3, 미들홀은 파4, 롱홀은 파5야. 여기는 하프 코스니까 그 절반이라고 생각하면 돼."

1번 홀을 향하면서 골프백을 어깨에 멘 아빠가 열심히 설명을 해주었다.

"그리고 티잉그라운드에 서게 되면 조심할 것들이 많거든."

"빨리 알려 주세요."

"무엇보다 공을 치기 전에 연습한다고 골프채를 마구 휘두르면 위험해. 티잉그라운드에는 함께 치는 동반자들과 캐디 등 여러 사람이 있잖아? 자칫하면 누군가 골프채에 맞아서 부상을 당하는 사고가 일어날 수 있단 말야."

"그렇겠군요."

"그러니까 안전한 곳에 서서 다른 동반자가 치는 것을 지켜보며 자기 차례를 기다려야 돼. 동반자가 잘 쳤을 때는 굿 샷! 또는 나이스 샷! 하며 칭찬하는 것도 잊지 말고."

"누가 제일 먼저 치는 거예요? 순서는 어떻게 정해요?"

"1번 홀에서는 제비뽑기를 하지. 1번 홀에는 조그만 통이 있고, 그 안에 젓가락 같은 번호표가 있거든. 1번을 뽑은 사람이 먼저 치고, 이어서 번호순으로 치는 거야."

"2번 홀부터는요?"

"2번 홀부터는 앞선 홀에서 제일 좋은 성적을 거둔 사람이 먼저 치는 거야."

마침내 1번 홀에 도착했다. 선생님이 스코어 카드를 나눠 주며 자기가 직접 기록하니까 정직하게 자기가 친 타수를 적으라고 일러 주었다. 선생님은 또 각자 자기 공에 표시를 하라고 지

시했다.

“골프공에 자기만의 표시를 하는 것은 다른 사람과 공이 바뀌지 않도록 하기 위한 것입니다. 대개 비슷한 위치에 떨어지기 때문에 공이 바뀌기가 쉽거든요. 한번 공을 정했으면 끝까지 그 공으로 쳐야 합니다. 중간에 공을 바꿀 수 없습니다.”

“연못에 빠지면 어떡해요?”

“물론 오비가 나서 공을 찾을 수 없거나 워터 헤저드에 빠졌을 때는 패널티, 즉 벌타를 받고 공을 바꿀 수는 있습니다. 그 대신 벌타를 받았으니 많이 손해를 보는 겁니다.”

바비는 공에 별표 표시를 했고 엄마는 두 개의 조그만 원을 그렸다.

“자, 우리가 티업할 시간입니다. 여기 통이 있죠? 번호를 뽑으세요.”

1번이 다솜이, 2번 엄마, 3번 바비, 4번 아줌마 순서였다.

“자, 다솜이부터 티업을 합니다. 티펙을 꽂고 공을 올려놓으세요. 그 다음 공을 날려 보낼 방향을 잘 살펴보고 나서, 몇 번 연습 스윙을 하고 드라이버 샷을 하세요. 1번 홀은 파4입니다. 되도록 페어웨이로 멀리 보내야 합니다. 자, 시작하세요.”

다솜이가 몇 번 연습 스윙을 했다. 한 번 필드에 나왔던 경험이 있었기 때문인지 자신있는 표정이었다. 드디어 다솜이가 드라이버로 샷을 날렸다. 하지만 공이 빗맞아 멀리 날아가지도 못하고 페어웨이를 벗어나고 말았다.

"선생님, 다시 치면 안 될까요?"

"안 돼. 그건 규칙에서 벗어나는 일이야."

다솜이는 입을 비쭉 내밀었다. 다음은 바비 엄마였다. 엄마는 무척 긴장된 표정으로 티샷을 날렸다. 다행히 공을 똑바로 날아갔다. 그러나 거리가 생각보다 짧았다.

"굿 샷!"

선생님과 아빠가 굿 샷을 외쳤다.

"그만하면 잘 쳤어. 당신이 너무 긴장해서 몸에 힘이 들어가 멀리 나가지 못한 거요. 앞으로 힘을 빼고 쳐요."

"알았어요."

다음은 바비 차례였다.

"바비야, 긴장하지 말고 자신 있게 쳐라. 잘 못 쳐도 괜찮으니까 자신 있게 스윙해, 알았지?"

"네, 아빠."

바비가 티잉그라운드에 섰다. 아빠의 격려 덕분인지 갑자기 자신감이 생겼다. 아무리 못 쳐도 다솜이보다는 잘 칠 수 있을

것 같았다. 티펙을 꽂고 공을 올려놓았다. 그리고 멀리 페어웨이를 바라봤다. 이어서 몇차례 연습 스윙을 하고 어드레스를 시작했다. 모두 조용히 바비의 스윙을 지켜보고 있었다. 바비는 힘차게 스윙했다. 공이 맞는 임팩트가 끝나고 고개를 돌려 공이 날아가는 방향을 바라봤다.

"나이스 샷!"

"굿 샷!"

일제히 박수가 쏟아져 나왔다. 바비가 친 공은 포물선을 그리며 페어웨이 한가운데를 향해 한없이 날아갔다. 나무랄 데가 없는 샷이었다.

티잉그라운드

"나도 골프를 할 걸."

페어웨이로 걸어가면서 바비가 부러운 듯 브라보가 투덜거렸다. 바비는 흐뭇했다. 그처럼 잘 맞다니, 바비 자신도 놀랐다.

"페어웨이에서는 절대로 큰 소리로 떠들거나 장난을 치면 안 돼. 알았지?"

"페어웨이에서도 번호대로 치는 거예요?"

"아냐, 두 번째 샷부터는 그린의 홀컵을 기준으로 했을 때, 공이 멀리 떨어져 있는 사람부터 치는 거야."

"그러면 공이 날아간 거리가 짧은 사람부터 치는 거군요?"

"그런 셈이지."

두 번째 샷부터는 그야말로 각자가 치는 셈이었다. 아빠는 핀까지 거리가 먼 엄마에게는 아이언 3번으로 쳐보라고 했고, 바비에게는 아이언 5번으로 치라고 했다.

"여기서 온 그린하기는 어렵거든. 그린 가까이 보내면 아주 잘 친 거야."

엄마와 바비는 아빠가 정해 주신 클럽으로 두 번째 샷을 했다. 엄마는 그린 가까이는 가지 못했지만 똑바로 날아갔다. 그러나 바비는 힘차게 스윙을 했지만 안타깝게도 페어웨이 옆의 작은 나무들과 풀이 우거진 러프에 떨어지고 말았다.

"어머, 어떡해요? 아빠."

"공이 떨어졌을 만한 지점으로 가서 공을 찾아야 돼."

바비와 아빠는 그 지점으로 가서 공을 찾았지만 좀처럼 보이지 않았다.

"끝까지 찾아야 돼요? 아빠."

"공을 찾는 제한 시간은 5분이다. 5분 안에 못 찾으면 벌타를 받고, 다른 공으로 쳐야 돼."

"그냥 다른 공으로 치면 안 될까요?"

"안 돼. 그건 규칙 위반이고 비신사적인 행동이야."

"아, 여기 있다."

다행히 바비가 공을 찾았다. 별표가 되어있는 것을 보니, 틀림없이 바비의 공이었다. 하지만 풀들이 너무 키가 커서 칠 수 없을 것 같았다.

"어떡해요? 아빠."

"각도가 큰 피칭 웨지로 힘껏 쳐보렴."

아빠의 지시에 따랐더니, 공이 멀리 나가지는 않았지만 러프 지역을 벗어났다.

"여기서는 아이언 9번으로 쳐봐. 그린에 올려야 돼."

"알았어요."

바비가 아이언 9번으로 친 공은 간신히 온 그린에 성공해서 그린 가장자리에 떨어졌다. 엄마는 그린 근처에 있는 벙커에 공을 빠뜨리고 말았다.

"어떡하죠? 여보."

"먼저 샌드 웨지를 갖고 벙커로 들어가요."

"들어왔어요. 다음은요?"

"그린 위의 핀을 향해 스탠스를 좀 넓게 잡아요. 발이 흔들리면 안 되니까 발을 움직여서 모래 속에 단단히 고정시켜요."

"이렇게요?"

"클럽 헤드를 모래에 닿게 하면 안 되는 것 알지?"

"네, 알아요."

"클럽 헤드를 몇 차례 흔들어 보고, 페이스가 공과 모래 사이를 파고들도록 힘껏 쳐요."

"그러니까 공 밑 부분을 치라는 거죠?"

"공을 모래에서 퍼 올린다는 기분으로 쳐봐요."

엄마는 아빠의 지시에 따라 힘껏 스윙을 하자 공이 벙커를 빠져 나와 그린으로 올라왔다. 하지만 홀컵까지는 거리가 멀었다.

"와아, 브라보! 빠져 나왔어요."

"여보, 벙커 안에서 그냥 나오면 안 돼."

"그럼 어떡해요?"

"저쪽에 고무래가 있지? 그걸 가지고 자기가 남긴 발자국이나 모래가 파인 곳을 처음처럼 손질해 놔야 다른 사람의 공이 벙커에 빠져도 칠 수 있을 것 아니오?"

"아, 그렇군요."

엄마는 벙커 안을 말끔히 손질하고 나왔다. 이제 그린이다. 퍼터로 공을 홀컵 안에 넣으면 1번 홀이 끝나는 것이다. 아빠는 그린에서의 주의 사항을 이야기했다.

"그린에서는 공을 건드려도 되니까, 공을 손으로 집어 올리고 그 자리에 마크를 놔라. 마크 놓는 방법은 어젯밤에 설명했지?"

"네. 그런데 그린에서는 누가 먼저 쳐요?"

"역시 홀컵에서 공이 멀리 떨어진 사람부터 치는 거야. 그린에서 주의할 점은 절대로 다른 사람에게 방해가 안 되도록 해야 하거든. 다른 사람의 공이 홀컵을 향해 굴러갈 지점은 절대로 밟지 않도록 해야 돼."

"아하, 혹시 잔디가 밟혀 공이 제대로 굴러가는 데 방해가 될까봐 그러는 거죠?"

"그렇지. 그린의 잔디는 아주 예민하거든. 그린 위에서는 어디든지 골프화 스파이크를 질질 끌고 다니면 안 돼. 잔디가 다치면 퍼팅에 방해가 되거든."

"알았어요. 조심할게요."

엄마와 바비는 퍼팅을 했다. 모두 세 번 만에야 홀컵에 공이 들어갔다.

파4인 첫 홀을 바비와 엄마는 똑같이 일곱 번 만에 홀컵에 넣은 것이다. '트리플 보기' 가 된 것이다.

"너무 못 쳤죠? 아빠."

"아니다. 처음 필드에 나온 왕초보 비기너로서는 그만하면 잘 친 셈이야. 조금도 실망할 필요 없어. 아빠도 처음 필드에 나와서 첫 홀을 일곱 번 만에 넣었어."

"호호, 그럼 우리가 잘 친 거네요?"

"자, 스코어 카드에 기록하고, 동반자 네 명이 모두 퍼팅을 끝내면 다음 홀로 이동하는 거다."

정말 정신이 하나도 없었다. 도무지 어떻게 아홉 홀을 모두 끝냈는지 모른다. 온몸에 땀이 흘렀다. 하프 코스였지만 첫 라운딩을 무사히 끝낸 것이다.

"스코어가 너무 형편없을 것 같아요. 아빠."

"걱정할 것 없어. 바비나 엄마나 기본이 잘돼 있기 때문에 필드에 처음 나온 왕초보로서는 아주 잘 친 거야."

"정말이죠?"

"아, 내가 왜 거짓말을 해?"

선생님과 동반자 4명, 그리고 캐디까지 모두 한자리에 모였다.

"수고했어요. 모두 좋은 경험했어요"

"네."

"처음 필드에 나온 거니까, 스코어에는 신경 쓰지 말고 라커룸에 가서 샤워하고 옷 갈아입고 30분 후에 이곳에 다시 모입니다."

"선생님."

그때 다솜이가 나섰다.

"누가 제일 잘 쳤는지 스코어를 비교해 봐야 하잖아요? 아마 네 명 중에서 제가 제일 잘 쳤을걸요."

선생님은 다솜이의 말을 듣고 잠시 눈을 감고 생각에 잠겼다가 무겁게 입을 열었다.

"다솜아, 스코어를 비교할 필요가 없다. 왜냐하면 너의 스코어 카드는 엉터리니까."

"네에? 제 스코어 카드가 엉터리라고요?"

"그래, 내가 모르는 척 했지만 다 알고 있다. 내가 굳이 말을

하지 않더라고 다솜이, 네 자신이 잘 알고 있을 것 아니냐?"

다솜이는 더 이상 선생님에게 대꾸를 하지 못하고 얼굴이 빨개졌다.

"자, 빨리 라커룸에 다녀오세요."

라커룸에서도 다솜이는 아무 말이 없었다. 일행은 함께 클럽하우스에서 점심을 먹고 승합차로 연습장까지 와서 헤어졌다. 선생님은 다솜이에게 잠시 남아있으라고 말했다.

"다솜이가 스코어를 속인 모양이죠?"

집에 돌아가는 길에, 엄마가 아빠에게 물었다.

"나도 그 애가 한 짓을 대략 알고 있어. 굳이 스코어를 비교하자면 오늘 바비가 가장 잘 쳤을 거야. 그 다음이 당신이고."

"아빠, 정말이세요?"

"골프 경력이 어느 정도 되는 사람들은 같이 플레이를 하는 동반자들의 스코어를 거의 정확하게 짐작하거든. 더욱이 바비하고 당신은 아주 정직하고 매너 있는 플레이를 했어. 그것만 하더라도 1등이야. 스코어보다 그게 더 중요한 거야."

"맞아요. 엄마의 플레이도 아주 훌륭했어요."

브라보가 아빠의 말씀에 맞장구를 치고 나섰다.

"그런 의미에서 아빠가 오늘 저녁 우리 가족 외식을 시켜주

세요."

"뭐야?"

"와아, 브라보 오빠 최고!"

"하기는 그렇지 않아도 오늘 저녁은 외식하기로 마음먹고 있었어. 뭘 먹을 것인지, 잘 생각해봐."

"와아, 우리 아빠 최고야!"

"바비네 가족이 최고야!"

온가족이 피곤한 것도 말끔히 잊어버리고 신바람을 내며 웃음꽃을 피웠다.

와아!
어머!
에에, 나도
골프를 배울걸.
라커룸에 가서
옷 갈아입고 나오세요.
바비, 너, 내 실력 따라
오려면 아직 멀었어.
다솜아, 네가 나보다
먼저 배웠잖아?
우리 누가 이기나
자장면 내기할래?
난 자신 없어.

긴장하지 말고
자신있게 쳐.
실수해도 괜찮아
다솜이부터
티업하겠습니다.
바비, 저 애한테
내 실력을
보여줘야지
파앗
휘이이익
툭

선생님, 다시 치면
안 될까요?
안 돼, 다시 치면
2벌타야.
다음은 바비!
긴장하지 말고
자신 있게 쳐라.
파앗
휘이이익

툭
굿 샷! 나이스 샷!
엄마도 잘 치셨어요.
잘난 척하는 다솜이보다 잘 쳐서 기분좋아요.
다솜이한테 신경 쓸 필요없는 거야. 자기 플레이에만 열중하면 돼.
공은 찾았지만 여기서는 도저히 못 치겠는데?

툭
타앗
푹
벙커에서는 클럽의 헤드가 모래에 닿으면 안 되고, 두 발을 단단히 고정시켜요.
어머, 이걸 어떻게 치죠?
샌드웨지로 공의 2센티미터 정도 뒤의 모래를 힘껏 쳐요. 평소의 스윙보다 훨씬 강하게, 공을 퍼올리듯 쳐봐요.
파앗
툭

와아, 성공!
아주 잘 쳤소.
이제 모래 위를
정리하고 벙커에서
나오시오
스윽
박세리 선수
처럼 맨발로
연못에
들어가서 쳐.
안 되겠다.
벌타를 먹고 드롭을
해라.

휙
데구르르
툭
모두 열심히 했습니다.
오늘 라운딩은
이것으로 마칩니다.
짝
짝

선생님, 오늘 누가 제일 잘 쳤는지 스코어를 비교해 주세요. 틀림없이 제가 일등일 걸요.
비교할 필요는 없지만 굳이 등수를 정하자면 바비가 일등이다.
다솜이 너는 공을 멋대로 옮겨 놓고, 슬그머니 집어 던지거나 공을 바꿔 치고, 스코어도 속여서 기록했어.
...
골프는 심판이 없는 가장 신사적인 운동이라고 그랬지?
띠링
다솜
바비야, 그동안 미안했어. 네가 나를 이겼어. 축하해.
03:32 PM
짝

체력과 정신력을 키워주는 스포츠, 골프

골프와 함께하는 즐거운 인생을 위해

하이마트골프단

창단 2002년

주요 성적 통산 61승(2010년 기준)

국내 최초의 여자 골프단

하이마트여자골프단은 국내 최초의 구단으로 각종 대회에서 최고의 실력으로 인정 받고 있다. 지난 2010 KLPGA투어에서 5승을 거두는 등 2002년 창단 이래 통산 61승(KLPGA 46승, LPGA 4승, JLPGA 3승, 기타 대회 8승)의 대기록을 달성했을 뿐만 아니라, 현재 한미일 프로 무대를 평정하고 있는 신지애, 안선주, 이보미 선수 등을 세계적인 선수로 키워냈다.

현재 KLPGA 무대에서 활동하는 선수를 후원하는 여자 골프단은 수십여 곳에 이르지만, 불과 십 여 년 전만해도 국내에 여자 골프단이라는 개념은 존재하지 않았다. 개인 종목인 프로 골프에서 구단을 만들어 운영한다는 생각 자체가 생소했기 때문이다. 이런 상황에 탄생해 현재까지 한국 여자 프로 골프의 구단 문화를 이끌어 온 것이 하이마트여자골프단이다.

지난 2002년 창단하여 올해 10주년을 맞는 하이마트여자골프단은 한국 여자 프로 골프단의 시작이자 표준이다. 소속 선수에 대한 하이마트의 후원 방식이나 인센티브제도는 대부분의 골프단에 도입되어 골프단 운영의 표준이 되었고, 현재까지도 한국 여자 프로 골프 사관학교의 역할을 해오고 있다.

하이마트골프단은 마케팅 측면, 홍보 효과에 연연하지 않고, '선수 육성' 을 목적으로 한다. 따라서 실력보다 인성이 좋고 배려심 깊은 선수를 선발하며, 선수들에게 응원과 애정 어린 관심을 가짐으로써 경기에 전념할 수 있도록 돕는다. 그리고 이러한 방식은 선수들을 대형 선수로 성장시킬 수 있는 좋은 발판이 되고 있다.

하이마트골프단

국내 최고의 여자 골프단

선수단 (2011년 기준)

이보미 선수

- 입단 2009년
- 주요경력 2010 KLPGA 4관왕(상금왕, 대상, 다승왕,최저타수상)
  KLPGA 4승

정일미 선수

- 입단 2011년
- 주요경력 1999~2000 KLPGA 상금왕
  KLPGA 7승

송아리 선수

- 입단 2011년 재입단
- 주요경력 2011 LPGA Q스쿨 1위
  2004 LPGA 역대 최연소 정회원

지유진 선수

- **입단** 2002년
- **주요경력** 하이마트골프단 주장(2011~)
  KLPGA 1승

오채아 선수

- **입단** 2008년
- **주요경력** 2006 국가대표
  KLPGA 1승

허윤경 선수

- **입단** 2009년
- **주요경력** 2008 국가대표
  2009 강산배 드림투어 3차전 우승

이승현 선수

- **입단** 2009년
- **주요경력** 2008 국가대표상비군
  2009 무안CC컵 드림투어 12, 15 차전 우승

남지민 선수

- **입단** 2009년
- **주요경력** 2009 드림투어 1승
  2010 KLPGA 상금순위 42위

신은정 선수

- 입단 2002년
- 주요경력 2010 KLPGA 상금순위 65위

강민주 선수

- 입단 2010년
- 주요경력 2008 국가대표상비군

박선영 선수

- 입단 2010년
- 주요경력 2009 국가대표

표수정 선수

- 입단 2010년
- 주요경력 2009년 점프투어 6차전 우승

선승효 선수

- 입단 2008년
- 주요경력 2010년 드림투어 상금순위 43위

사진으로 보는 하이마트 골프단

'하이마트여자오픈'

2010년 10월 8일부터 10일까지 전남 장성에 위치한 푸른솔골프클럽에서 '2010하이마트여자오픈'이 열렸다.

전남, 광주지역의 수많은 갤러리들이 대회를 즐겼다.

자선모금 팬사인회를 통해 조성된 기금은 장성군의 어려운 이웃에게 전달되었다.

자선모금 팬사인회–이보미 선수

2010 하이마트여자오픈-코스레코드를 수상한 이보미 선수

하이마트 한국여자프로골프 대상 시상식

하이마트 한국여자프로골프 대상 시상식은 선수, 팬, 후원사가 함께하는 여자 골프 축제의 밤이다